历史的丰碑丛书

杰出的资产阶级启蒙思想家
孟德斯鸠

李宪明　编著

吉林人民出版社

图书在版编目（CIP）数据

杰出的资产阶级启蒙思想家——孟德斯鸠 / 李宪明
编著 . -- 长春 : 吉林人民出版社 , 2011.4 （2021.8 重印）
（历史的丰碑丛书）
ISBN 978-7-206-07610-7

Ⅰ . ①杰… Ⅱ . ①李… Ⅲ . ①孟德斯鸠，C.（1689 ～
1775）-生平事迹-青年读物②孟德斯鸠，
C.（1689 ～ 1775）-生平事迹-少年读物 Ⅳ.
① K835.655.1-49

中国版本图书馆 CIP 数据核字 (2011) 第 037556 号

杰出的资产阶级启蒙思想家　孟德斯鸠
JIECHU DE ZICHAN JIEJI QIMENG SIXIANGJIA　MENGDESIJIU

编　　著 : 李宪明
责任编辑 : 丁　昊　　　　　　封面设计 : 孙浩瀚
制　　作 : 吉林人民出版社图文设计印务中心
吉林人民出版社出版 发行 (长春市人民大街7548号　邮政编码 : 130022)
印　　刷 : 北京一鑫印务有限责任公司
开　　本 : 787mm×1092mm　1/16
印　　张 : 8　　　　　　　　字　　数 : 72千字
标准书号 : ISBN 978-7-206-07610-7
版　　次 : 2011年4月第1版　　印　　次 : 2021年8月第2次印刷
定　　价 : 35.00 元

如发现印装质量问题,影响阅读,请与出版社联系调换。

编者的话

"欲知大道，必先为史"。

回溯人类的足迹，人们首先看到的总是那些在其各自背景和时点上标志着社会高度和进步里程的伟大人物。他们是历史的丰碑，是后世之鉴。

黑格尔说："无疑，一个时代的杰出个人是特性，一般说来，就反映了这个时代的总的精神。"普希金说："跟随伟大人物的思想是一门引人入胜的科学。"

以史为鉴，面向未来。作为21世纪的继往开来者，我们觉得，在知史基础上具有宽广的知识结构、开阔的胸襟和敏锐的洞察力应是首要的素质要求，而在历史的大背景中追寻丰碑人物的思想、风范和足迹，应是知史的捷径。

考虑到现代人时间的宝贵，我们期盼以尽量精短的篇幅容纳尽量丰富的信息，展现尽量宏大的历史画卷和历史规律。为此，我们编撰了这套丛书。

编撰丛书的过程，也是纵览历代风云、伴随伟人心路、吸收历史营养的过程。沉心于书页，我们随处感受着各历史时期伟大人物所体现的推动历史进步的人类征服力量。我们随着伟人命运及事业的坎坷与辉煌而悲喜，为他们思想的深邃精湛、行为的大气脱俗而会意感慨、拍案叫绝。

然而，在思想开始远游和精神获得享受的同时，我们也随之感受到历史脚步的沉重和历史过程的曲折。社会每前进一步都是艰难的，都伴随着巨大的痛苦和付出。历史的伟大在于它最终走向进步，最终在血污中诞生了鲜活的"婴孩"。

历史有继承性和局限性，不能凭空创造。伟人也有血肉，他们的思想、行为因此注定了同样具有历史的局限性和阶级的、时代的烙印；他们的功业建立于千千万万广大人民群众伟大创造的基础上。历史是人民群众创造的，伟大的人物们是历史和时代造就的。同时，我们也无法否定此间他们个人的努力。这也正是我们编撰这套丛书的目的。

我们期盼着这套丛书得到社会的认同，对读者，特别是青少年读者之历史感、成就感和使命感的培养有所裨益。史海浩瀚，群星璀璨。我们以对广大青少年读者负责的精神，精心遴选，以助力青少年成长进步，集结出版了《历史的丰碑》系列丛书，敬请读者批评、指正。

历史的丰碑丛书

编 委 会

这是一位当之无愧的思想巨人，这是一位当之无愧的理论先驱。现代资本主义的国家政体和法律理念、美国《独立宣言》、法国《人权宣言》的精神实质多来源于他；现代无产阶级的社会历史理论在"前科学"时期也吸纳了他的许多巨大贡献；他的理论还对中国资产阶级启蒙运动产生过重大影响；他出身贵族阶级，并占据着显赫的地位，但他毅然放弃权柄，终生与专制制度做斗争，且奠定了最终摧毁专治政体的理论基础。这就是孟德斯鸠。

　　人们说"孟德斯鸠发现了思想领域的规律，正如牛顿发现了物质世界的规律一样"；人们又说"他的著作是人类进步传统的一个重要组成部分，是人类文化的宝贵遗产。"

目　录

历史的丰碑丛书

生逢"盛世"　众望所归

当智慧与命运交战时，若智慧有胆识敢作敢为，命运就没有机会动摇它。

——孟德斯鸠

沙利·路易·德·斯贡达·孟德斯鸠，是18世纪法国启蒙运动杰出的思想家，是近代资产阶级国家和法学理论的奠基者。在18世纪法国启蒙思想家的行列中，孟德斯鸠占有十分重要的地位。

孟德斯鸠生逢路易十四封建王朝的鼎盛时期。然而，这个鼎盛的封建肌体已是金玉其外，败絮其中，新的资本主义的生产关系在封建社会内部逐步发展起来，并逐渐形成了一个新兴的资产阶级。正处于上升时期的新兴资产阶级同腐朽没落的封建统治阶级的矛盾越来越尖锐。在这样一个正酝酿着革命风暴的时代，孟德斯鸠作为法国新兴资产阶级的代言人而出现在历史舞台上。

孟德斯鸠出身于贵族家庭，祖上几代都是佩剑贵族。孟德斯鸠的高祖父名叫让·德·斯贡达，祖籍贝里，后来迁居到加龙河畔的阿让，购买了"孟德斯鸠领地"。孟德斯鸠的祖父让·巴蒂斯塔·加斯东娶波尔多法院院长迪贝尔奈的女儿为妻，并用新娘的嫁资买下了波尔多法院的一个庭长职务。这个职务世代相传，直到孟德斯鸠。让·巴蒂斯塔·加斯东的第三个儿子雅克，就是孟德斯鸠的父亲。他是个军人，相貌出众，才华横溢，因不是长子，无权继承爵位和封地，所以一贫如洗。但他于1686年娶玛丽——弗朗索瓦丝·德·贝奈尔为妻，这位名门淑女带来了丰厚的嫁资，包括封地和巨大的拉柏烈德庄园。

1689年1月18日，孟德斯鸠就诞生在这个庄园里。出生后不久就被送到拉柏烈德的磨坊里哺养，在那里

← 女人观看男人们种下自由之树

完全过着平民孩子的生活。3年后被领回家时，说的话已带上当地的土腔土调。孟德斯鸠比父亲幸运得多，按照封建社会"长子继承权"的规矩，他应当继承家业。更何况，孟德斯鸠的叔伯均无男嗣，他是家族惟一的继承人。他不但要继承母亲的遗产，还要继承伯父的家产和他所担任的波尔多法院庭长之职。

孟德斯鸠的母亲是个心地善良的妇女。她很喜爱自己的孩子，责任心强，并且乐善好施，是个虔诚的教徒。不幸的是，在孟德斯鸠7岁时，母亲因病去世。他继承了母亲的遗产和拉柏烈德男爵爵位。

11岁之前，孟德斯鸠是在家里和村里接受教育的。1700年，他父亲决定送他到离巴黎不远的朱伊公学去学习。孟德斯鸠在这里度过了5年的学习生活，受到较为全面的教育，为以后的进一步发展打下了初步的、较为扎实的基础。

1705年8月，孟德斯鸠在朱伊公学毕业，回到了故乡。昔日的顽童，如今已是翩翩少年。依父亲意愿，他在波尔多大学专修法律，先后获得法学学士学位、法学硕士学位和律师资格。此后，他于1709年前往巴黎学习。在巴黎的4年中，他一边学习法律，一边广泛接触巴黎的学术界人士，并广泛涉猎各个学科。对生物、物理、历史和宗教都表现出浓厚的兴趣。

　　1713年11月15日，父亲去世，孟德斯鸠为奔丧而回到波尔多。作为长子，他继承了父亲的大部分产业。有此基础，他于1714年2月买下波尔多高等法院推事一职。1715年3月11日，这位年近25岁的封建领主与一位出身高贵而又家境殷实的贵族小姐订婚。婚礼于同年4月30日在波尔多的圣米歇尔教堂举行。根据婚约，新娘娜·德·拉尔蒂克为他带来10万利弗尔的嫁资。婚后，他们生有三个孩子，一个儿子，两个女儿。

　　婚后第二年，孟德斯鸠的伯父让·巴蒂斯特谢世。他将大部产业、爵位和官职都留给侄子沙利·路易。孟德斯鸠的家产剧增。从此以后，他的名字全称才为"沙利·路易·德·斯贡达·拉柏烈德和孟德斯鸠男

← 孟德斯鸠故乡

爵"。在1716年7月，他卖掉了推事之职，就任波尔多法院的庭长。

　　孟德斯鸠所任的庭长之职需要处理的日常法律事务十分繁杂。尽管他在工作中尽心尽力，严肃认真，但毕竟是个学者型的人物，对诉讼程序并不在行。不过，对他来说，在波尔多高等法院任职本身却是重要的。因为庭长这个职位使他获得了尊严，提高了他的社会地位。在波尔多高等法院任职期间，孟德斯鸠结识了英王詹姆斯二世的私生子、担任过英国将军、西班牙将军和法国元帅的贝里克公爵。他在法国期间，是宫廷里众所瞩目的人物，曾多次造访过波尔多高等法院。孟德斯鸠与他成了莫逆之交。后来，正是在这位大名鼎鼎的皇族好友的支持和赞助下，他才得以跻身于巴黎上流社会，顺利地周游欧洲。

青年时代的孟德斯鸠并不是一个只周旋于官场的封建官僚，也不是只混迹于社交场合的花花公子。他在学术和知识方面有自己的追求和抱负。在巴黎求学期间，孟德斯鸠对哲学和文学产生了浓厚的兴趣。回到波尔多后，他依然保持着对学术研究的兴致。1716年4月，在朋友们的推荐下，当选为波尔多科学院院士。同年9月，他出资创设了解剖学研究奖。波尔多科学院则选他为1718年度院长，以示感谢。此后若干年内，孟德斯鸠把自己的研究重点转向了自然科学。先后在科学院宣读过一些有关自然科学的论文，内容广及回声的原因、肾腺的功能、自然史、物体的重力，等等。但这些论文并没有多大的学术价值，未引起人们的注意。

孟德斯鸠似乎也不满足于写些易被人遗忘的短篇论文，决心要写出一部能令世人瞩目的宏篇巨著。早在他踏进巴黎社会之后就已开始这方面的准备工作。经过10年左右的酝酿和写作，到1720年，终于完成了一部在整个启蒙运动中具有划时代意义的名著——《波斯人信札》。1721年初问世。

《波斯人信札》是一部书信体哲理小说。作者采用隐喻和讽喻的手法，从不同角度，猛烈地抨击和辛辣地讥讽了极其腐朽没落的法国封建专制制度。它写得生动形象，机智而又引人入胜。

此书一出版，立即引起轰动，极受欢迎，一时成了巴黎最为畅销的书。巴黎的读者很快就得知此书是孟德斯鸠所作。一鸣惊人的孟德斯鸠从此跻身于巴黎名流之列，在各个著名的沙龙中倍受青睐。

然而，这本书也给孟德斯鸠带来不少麻烦。他在书中攻击国王和教皇，嘲弄法兰西学士院院士，因而在进入学士院时遇到重重障碍，险些葬送自己的锦绣前程。到后期，写作《罗马盛衰原因论》时，孟德斯鸠似乎吸取了这次的惨痛教训，学乖了，对基督教问题噤若寒蝉，未作任何评论。

孟德斯鸠虽然在波尔多有了自己的家业、职业和

→启蒙思想家们的精神感染了一代法国人

事业，但巴黎对他的吸引力并未稍减。他需要到更加广阔的天地里去驰骋遨游。那里有他尊敬的学者、相识多年的朋友和精英荟萃的沙龙。《波斯人信札》出版后，他往返于波尔多和巴黎之间的频率更高

←红衣主教黎塞留

了，在巴黎逗留的时间也越来越长。作为赫赫有名的《波斯人信札》的作者，又是颇有权势的贝里克公爵的朋友，到巴黎之后不久，孟德斯鸠便成功地跻身于巴黎的宫廷和知识界中。他广泛地接触上流社会，结识了许多出入宫廷的贵族，但也沾染了巴黎上流社会的放荡习气。他与巴黎当时名躁一时的德·普里夫人（摄政王奥尔良公爵和波旁公爵的情妇）相识，并曾在这位贵夫人在枫丹白露附近的贝勒巴家里住过。甚至曾向路易十四的孙女、波旁的玛丽·安娜公主大胆地表示过爱慕之意。据说，正是她的社交圈激发了孟德斯鸠的创作灵感，1724年他写出了散文诗《尼德的神殿》。这是一部模仿希腊小说的轻佻作品，以其香艳放

荡的情节及绚丽的文采和炽烈细腻的感情，而在上流
社会广为流传，在公众中却遭到冷遇。多年后，孟德
斯鸠为这部作品作过辩解，但他也不得不承认自己为
这部不够严肃的作品深感遗憾。

在巴黎的日子里，孟德斯鸠的学术活动主要是参
加当时巴黎一些著名的沙龙和民间学术团体的活动。
在那里一展自己的才华，与名人志士研讨些抽象的道
德问题或敏感的社会政治历史问题。

1726年，孟德斯鸠做出了一个重要决定：卖掉他
担任的波尔多法院庭长之职。在18世纪的法国，贵族
都以守住祖传的产业和官职并使之世代相继为奋斗目
标，这也是他们对家族应尽的义务。庭长一职传到孟

→关于路易十四的寓言故事

上流社会接受启蒙思想

德斯鸠已是第四代。官职虽由一人继承，却干系整个家族的荣誉。孟德斯鸠决定卖掉官职时，他叔父约瑟夫依然健在，此举难免遭到叔父的反对。1726年初，他把这种想法告诉了自己的朋友巴尔博，巴尔博写信劝阻孟德斯鸠。显然，在他决定卖掉官职之前，肯定要权衡利弊，作多方面的考虑。

孟德斯鸠一直希望自己惟一的儿子能承袭这个职位。当偶然得知正在学习的儿子对自然科学特别感兴趣时，他突然变得脸色苍白，神情绝望，瘫倒在扶手椅里。他清醒地认识到，儿子是绝对不会承袭他的庭长之职了。这种绝望感可能最后促使他把庭长职位卖掉。而他之所以没有强使儿子改变意愿，也有自身的一些想法。

孟德斯鸠对当时的法国封建专制制度非常不满，他清楚地知道法院在王权面前是软弱无力的。供职期

间，他对诉讼职务已不感兴趣，庭长职务已成了他的一种负担。他虽然从1716年起担任庭长，但受年龄和资历的限制，在长达7年的时间里不能主持本庭工作，实际上只是一个副手。这种尴尬的地位使他对公务缺乏热情，年年请假去巴黎小住。在他破例获得庭长的职权时，《波斯人信札》的成功，却为他展示了另一个前景，他的志趣已不在谋求升迁，而要另有一番作为。他毕竟是个学者，在学术上有远大的目标，他需要足够的时间和精力，用以观察社会，用以研读各类书籍。他还需要设法提高自己的社会地位，赢得上流社会的赏识。虽然他已经是波尔多科学院院士，但他还不是法兰西学士院的成员。总之，他得为自己的未来谋划。

1726年7月7日，孟德斯鸠终于卖掉了波尔多高等法院庭长之职，与买主阿尔贝萨订了约。考虑到家族成员的情绪，他没有把官职一次性卖掉，以便日后赎回，让儿子继承。直到1748年买主阿尔贝萨亡故，孟德斯鸠考虑到自身的地位、年龄、身体状况和兴致以及他的儿子已走了学术之路，断然拒绝在法院任职等原因，才最终卖掉了庭长的职位。共得款70万利弗尔。

据估计，首次卖官，孟德斯鸠获得了10万利弗尔左右的巨款。按协议买主每年还得向孟德斯鸠或其继承人付 5200 利弗尔。有了这笔固定收入，对于应付在巴黎生活的巨大开支，显然意义重大。

卖掉官职后，孟德斯鸠在波尔多逗留了半年，处理其它事务。1727 年初，他离开故乡，前往巴黎。

←反映 18 世纪法国人生活的油画

此次重返巴黎的主要目的，就是要最终解决跻身于法兰西学士院的问题。虽然业已退出政界，成为巴黎居民。但是，他的条件并不优越。除了《波斯人信札》外，几乎没有任何得到学术界承认的其它著作。这部书信体小说只因针砭时弊而受到广泛的赞扬，却谈不上有多少学术价值。况且书中尖刻的嘲讽言词得罪了国王、教皇和一些院士。为此，孟德斯鸠费尽心思，经过多方周旋和耐心解释后，才终于在院士会议上获得多数同意通过，被接纳为法兰西学士院的成员。1728 年 1 月 24 日，孟德斯鸠正式就任法兰西学士院院士。

相关链接
XIANGGUAN LIANJIE

路易十四

　　路易·迪厄多内·波旁（1638年9月5日—1715年9月1日），自号太阳王，是法国波旁王朝著名的国王，纳瓦拉国王，巴塞罗那伯爵，1643年5月14日—1715年9月1日在位。是法王路易十三的长子，出生于法国圣日耳曼昂莱，王弟奥尔良公爵菲利普则于1640年出生。他的母亲奥地利的安娜摄政，直到1661年红衣主教马扎然死后他才真正开始亲政。他的执政期是欧洲君主专制的典型和榜样。

　　在红衣主教阿尔芒·让·德·普莱西·李希留和马萨林的外交成果的支持下，路易十四在法国建立了一个君主专制的、巴洛克式的专制王国。他发动战争、在凡尔赛宫举行豪华的夜宴、资助艺术和科学的发展来为他自己增光。在财政大臣让·巴普蒂斯特·柯尔贝的帮助下，他将整个法国的官僚机构集中于他的周围，以此强化法王的军事、财政和机构的决策权。对他执政不利的事件有：与教皇之间的不和、对胡格诺派教徒的迫害以及西班牙王位继承战争。

1638年9月5日，路易十四诞生于圣日耳曼的王室城堡。他是法王路易十三和王后奥地利的安娜的长子。1643年，路易继任法兰西国王，那时他还是个年幼的孩子，之后一直统治法国到1715年其生日前4天去世为止，享年77岁。路易十四22岁时才开始对统治国家感兴趣，令所有人吃惊的是，他相当擅长此道。路易十四统治法国前后达72年之久。因曾在话剧中出演过太阳神阿波罗，因而被称为太阳王。

路易十四在当时被看做一个奇迹，因为他的父母结婚23年没有子女。他4岁时就登基做国王了，他的母亲奥地利的安娜代他执政，但此后的18年中红衣主教马萨林是法国的真正统治者。直到1661年茹尔·马扎然死后他才开始亲政。他的执政期是欧洲君主专制的典型和榜样。

路易十四亲政的54年中（1661-1715），把国王的权力发展到了顶峰。在政治上他崇尚王权至上，"朕即国家"，并且用"君权神授"来为王权至上制造理论依据。路易十四对贵族实行高压政策，取消巴黎高等法院对国王敕令的指摘权，拒绝召开王国三级会议，对敢于反叛的外省贵族无情镇压；同时建造凡尔赛宫，把各地大贵族宣召进宫，侍奉王室。路易十四还向各省派驻"司法、警察和财政监督官"，整顿军备扩充兵源，引进新式武器和先进技术，并把各省军队的调度权控制在中央手里。在思想上，要求全体臣民一律信奉天主教。在经济上，路易十四将经济问题交给了科尔伯，推行重商主义。

在红衣主教阿尔芒·让·德·普莱西·黎世留和马扎然的外交成果的支持下，路易十四在法国建立了一个以他为中心的、巴洛克式的专制王国。他发动战争、在凡尔赛宫举行豪华的庆祝、资助艺术和科学的发展来为他自己增光。在他的大臣如让·巴普蒂斯特·柯尔贝的帮助下他将整个法国的官僚机构集中于他的周围，以此增强了法王的军事、财政和机构的力量。对他执政不利的事件有他与教皇之间的不和，他对胡格诺派教徒的迫害以及西班牙王位继承战争。他执政期的后期法国国库空虚濒临破产。

1660年路易与西班牙公主玛丽泰蕾兹结婚，1683年，玛丽泰蕾兹死后他又与地位比他低的曼特农女侯爵弗朗索瓦丝·德·奥比尼结婚。路易比他的儿子和最大的孙子活的都长，他的曾孙路易十五才继位。

路易十四一共在位72年，是世界上在位时间最长的君主之一。

行万里路 溯望历史

好好地启迪人民和政府，这就是哲学家的事业。

——孟德斯鸠

孟德斯鸠进入学士院仅3个月，便打点行装，准备出国考察。这时的孟德斯鸠出国旅游，具备许多优越条件：卖掉官职，解决了旅费问题；作为一位享有极高名望的法兰西学士院院士，他能轻而易举地打进一些国际上最著名的知识界的圈子。

1728年4月5日，孟德斯鸠离开巴黎，踏上了周游欧洲各国的旅程。

奥地利是他这次出游的第一个国家。1728年4月

←辉煌的大革命

　　26日，他在沃尔德格雷夫伯爵的陪同下来到维也纳。这位伯爵在奥地利担任大使，是欧洲各国宫廷中声名显赫的贝里克公爵的侄子。在维也纳，孟德斯鸠觐见了奥地利皇帝，结识了一些亲王和外交官。接着，他来到匈牙利，考察了一个铜矿，对那里的具有铜铁共生特征的一股喷泉特别感兴趣。6月26日返回维也纳，他谢绝了访问莫斯科的邀请，启程前往意大利。

　　孟德斯鸠的意大利之行长达一年零一个月。他随身携带着颇有影响的推荐信，几乎遍布整个意大利。他似乎是醉心于意大利的文化艺术。到了佛罗伦萨，见到那里的艺术珍品，他表现出异常浓厚的兴趣，为那里的哥特式建筑所倾倒。但是，孟德斯鸠最喜爱的城市还是罗马，在那里逗留近5个月。他在一些学者和艺术家的陪同下进行参观访问，对这个城市进行了彻底的考察。16世纪文艺复兴时期意大利艺术大师们

→枫丹白露宫

的杰作给他留下了极为深刻的印象，他对这些艺术珍品给予极高的评价。在罗马期间，孟德斯鸠还广泛接触宗教界人士。他拜见了一些枢机主教，会见了一些耶稣会士。同这些见多识广、学问渊博的枢机主教和耶稣会士的谈话中，他了解到外交活动、宫廷生活和教会内幕，获得了有关中国的知识。

　　1729年7月31日，孟德斯鸠离开意大利，再度进入奥地利，并再次去匈牙利参观矿区。然后进入德国境内，经慕尼黑、奥格斯堡和汉诺威，转入荷兰境内。在乌德勒支、阿姆斯特丹和海牙等地参观访问后，1729年10月的最后一天，孟德斯鸠渡海前往英国。历经3天艰苦航程，于11月3日抵达大英帝国首都——伦敦，开始了他此次出国游历中时间最长，收获最大，影响最为深远的英国之行。

　　孟德斯鸠对英国的向往由来已久。早在《波斯人信札》中，他就借书中主要人物黎伽之口热情赞颂过英国人享有的自由。他英国之行的主要目的，就是考察这个国家的社会政治制度。他首先大量阅读报刊，以更好地了解英国的政治状况和有关自由与分权等理论问题。为考察英国政治，他至少两次列席旁听过英国议会的辩论。此外，他广泛接触王室成员和上层人物，结识了许多显贵。1730年10月5日，他受到国王

乔治五世接见，后来又与王后及威尔士王子多次晤谈。孟德斯鸠与英国知识界也有着密切联系，至少认识10多位皇家学会会员。在朋友们的推荐下，他又于1730年3月9日当选为英国皇家学会会员。

孟德斯鸠在英国这个被他称为"文明的国度"生活了近一年半时间，1731年夏初回到法国。他在巴黎作了短暂的逗留，参加了一次法兰西学士院的会议，6月底回到家乡。此后两年中，不曾再去巴黎，而把主要精力用来整理游记和游历中收集的大量珍贵材料，闭门著书。他的第一部严肃的学术专著《罗马盛衰原因论》就是在这段时间完成的。

1733年夏，孟德斯鸠来到巴黎，安排新著的出版事宜。在书报检查官、热心肠的耶稣会士路易·贝特朗·卡斯泰尔教授的帮助下，这部新著于1734年得以较为顺利地问世了。

《罗马盛衰原因论》可谓是孟德斯鸠的思想完全成熟时期的著作，从物质与精神、政治与道德等方面探讨了罗马衰亡的原因。作者摆脱了神学对史学的巨大束缚，研究了历史的必然性与偶然性的问题。但这部著作又不是严格意义上的史学著作，所探讨的问题还涉及军事、政治学与社会学等方面。这部著作的出版，虽然不像《波斯人信札》那样轰动一时，但是也引起学术界的广泛关注。评论家们对它的评价毁誉不一。

赞扬者不乏其人，批评者也大有人在。对此书评价最低的要算是与孟德斯鸠本是同"根"生的伏尔泰了。他说，与其说这是一本书，不如说是一份编排巧妙的目录。他把孟德斯鸠的新著贬得一无是处。孟德斯鸠也从不掩饰对伏尔泰的厌恶感。他在40年代听到伏尔泰有可能被选为法兰西学士院院士的消息时，曾这样写道：伏尔泰若当上院士，将是法兰西学士院的耻辱，而伏尔泰将终因未当过院士而感到羞耻。

巴黎对孟德斯鸠始终具有巨大的吸引力。他自1733年春末为安排《罗马盛衰原因论》的出版事宜来到巴黎时起，直到1748年10月《论法的精神》出版时止，这15年间，他多次前往巴黎，在那里受到贵族们的热情接待，还常在宫廷走动。巴黎的沙龙也是孟德斯鸠经常光顾的地方，而且不再计较沙龙主人是谁，只要合口味，他都欣然前往。此时的孟德斯鸠，在巴

← 孟德斯鸠

→ 路易十六被送上断头台

黎的接触面有所扩大，与达官显贵和才智出众的文人频繁接触，对社会的观察和了解更加深入。

《罗马盛衰原因论》出版后，孟德斯鸠就开始构思一部恢宏的政治学和法学理论著作。其实，应该说，他从1728年出国游历时起就已下定决心要撰写这样一部宏篇巨著了。多年来他收集了许多材料，作了不少笔记，而且起草了一些未曾发表的论文。这些都为他写作巨著准备了必要条件。1734年，他决心动笔写作《论法的精神》。对于人到中年的孟德斯鸠而言，做出这个决定并不轻松，需要付出极大的精力，调动全部才智。

经过十几年孜孜不倦地博览群书，锲而不舍地奋力写作，1746年，这部宏篇巨著的撰写工作大功告成。

1747年6月底，孟德斯鸠以兴奋的心情写信告诉一位朋友说："感谢上帝，历时许久的著作终于完成了。"

《论法的精神》是孟德斯鸠一生呕心沥血之作，也是一部划时代的作品：它既是亚里士多德以后第一部综合性的政治学著作，又是到那个时代为止的一部最进步的政治理论著作。1748年11月在日内瓦出版后，轰动一时。短短的两年内便连续发行了22版，并很快被译成多种文字出版。

《论法的精神》的出版震动了整个欧洲，引起轩然大波。学界、政界、宗教界对它有毁有誉。法国政府对此书不抱敌视态度，未给作者制造太大的困难；英国议会认为此书是权威性著作；孟德斯鸠的朋友们几乎异口同声地赞赏他的这部新著；就连伏尔泰也不计前嫌，毅然地站出来，为自己的盟友辩护。

给孟德斯鸠制造麻烦的主要是法国的教会机构和巴黎大学神学院，他们称此书为"反

←英国思想家洛克

宗教著作"，把它列入应予审查的"敌视宗教书籍"名单。在意大利，虽有一些显要人物鼎力相助，包括枢机主教的斡旋和教皇的偏袒。但是，对孟德斯鸠的谴责依然不断升级，敌视情绪日益增长，最终《论法的精神》还是被列入了《禁书目录》之中。

面对这些恶毒攻击和责难，孟德斯鸠在公共场合并没有表现出不安和烦恼，显得泰然自若，毫不介意。但是，在私下里，他并不等闲视之，而是认真对待，撰写了《为〈论法的精神〉辩护》一书和《关于〈论法的精神〉的几点澄清》等文章，反击教会的挑战，坚持维护自己的全部观点：不作任何修改，不加以撤回，更不对任何论敌表示让步。

《论法的精神》为孟德斯鸠带来了巨大荣誉。如果说过去他在文人圈里享有声誉，如今，他已是人人皆知的大人物了，成了人们崇拜的偶像。不少英国青年到法国旅行时都想方设法要同孟德斯鸠见上一面，向他请教一些问题。

步入老年的孟德斯鸠已成为一位学识渊博、心地善良的伟人，社交活动频繁。但是，他依然笔耕不辍，从事些创作活动。他还喜欢涉足于沙龙。在那里，比以前更受到人们的喜爱和欢迎。他依然广交朋友，是巴黎社交界的活跃人物。在伟大的启蒙运动中，他与故友加深了友谊，也结交不少新的知己，包括一些具有启蒙思想的自然科学家。

孟德斯鸠这位杰出的启蒙思想家也因其宽厚仁慈，品格高尚深受人们的敬重。在他业已成为举世闻名的学者之后，他仍然

← 路易十四

对故土有着深厚的眷恋之情。他非常喜欢回到拉柏烈德庄园居住。在那里，他常常走访农民家庭，用当地土语同他们拉拉家常，谈论孩子，为他们排忧解难。1748年，波尔多大闹饥荒期间，他慷慨解囊相助，开仓济贫。

诚然，作为一个封建庄园主，他也竭力维护自己的封建特权和利益。1746年，他买下圣—莫里雍庄园，一个村子的居民没有按期完成通往拉柏烈德庄园的道路

养护劳役，他毫不迟疑地要求当局派兵干预。拉柏烈德故居中，至今还保留着1734年的两封讨债信，债主责怪他久欠不还，信也不回，而债务不过是25利弗尔。

孟德斯鸠把毕生精力奉献给了启蒙事业，风烛残年之际，他对年轻一代寄予了深情厚望。青年时代受过孟德斯鸠的教诲，并对他十分崇敬的苏阿尔，异常忠实地记述了老年孟德斯鸠所说的一段情真意切的话：有一天，孟德斯鸠对雷纳尔教士、爱尔维修、鲁博士和苏阿尔先生说：

先生们，你们处在需要付出艰苦努力并能获得巨大成功的时代，我希望你们有益于大众，有益于个人的幸福。我虽然有过愁绪，但半个小时的沉思便能将愁绪驱散。我的精力已经耗尽，残年即将结束。你们起步了，你们要对准目标；我没有达到目标，但却望见了它。人处在本性状态时，虽然与动物区别不大，却很安全，但是人不愿意也没能停留在本性状态。当人向理性升华时，犯了许许多多重大的错误，人的品德和欢愉不可能比人的思想更真实。各民族都有非常丰富的物质和思想，可是，许许多多的人都缺少面包和常识，使人人都有不可或缺的面包、良知和品德的办法只有一个：好好地启迪人民和政府。这就是哲学家的事业。

1754年底，孟德斯鸠在家乡小住后返回巴黎，辞退女佣，退掉了典租的住房，准备回乡安度晚年。不幸的是，他染上一种流行性热病，从此卧床不起。

临终之际，神甫听取了孟德斯鸠的忏悔。他对神甫的要求也一概欣然接受，答应病愈后必须言行一致，改正错误，信服上帝。但是他在一次神志清醒时向神甫说了这样一段意味深长的话：我始终尊重宗教；《福音书》中的伦理道德是无与伦比的，这是上帝赐给人们的最美好的礼物。

1755年2月10日，孟德斯鸠与世长辞，终年66岁。

←英国皇家学会在欧洲上流社会有着很深的影响力

相 关 链 接
XIANGGUAN LIANJIE

英国皇家学会

英国皇家学会是英国资助科学发展的组织。成立于1660年。并于1662年、1663年、1669年领到皇家的各种特许证。英女皇是学会的保护人。全称"伦敦皇家自然知识促进学会"。学会宗旨是促进自然科学的发展。它是世界上历史最长而又从未中断过的科学学会。它在英国起着全国科学院的作用。

英国皇家学会是一个独立的、自治的社团，在制定自己的章程、任命自己的会员时，无需取得任何形式的政府批准，但它与政府的关系是密切的，政府为学会经营的科学事业提供财政资助。学会没有设立自己的科研实体，它的科学研究、咨询等职能主要通过指定研究项目、资助研究、制订研究计划、通过会员与工业界联系及开展研讨会等实现。此外，学会还有确认优秀的科学学识与研究、奖励和促进国际科学交流、组织并推动科学教育和科学普及工作、致力科学史工作等任务。

　　1660年查理二世复辟以后，伦敦重新成为英国科学活动的主要中心。此时，对科学感兴趣的人数大大增加，人们觉得应当在英国成立一个正式的科学机构。因此伦敦的科学家于公元1660年11月某日在格雷山姆学院克里斯托弗·雷恩一次讲课后，召集了一个会，正式提出成立一个促进物理－数学实验知识的学院。约翰·威尔金斯被推选为主席，并起草了一个"被认为愿意并适合参加这个规划"的41个人的名单。

　　不久，罗伯特·莫雷带来了国王的口谕，同意成立"学院"，莫雷就被推为这个集会的会长。两年后查理二世在许可证上盖了印，正式批准成立"以促进自然知识为宗旨的皇家学会"，布隆克尔勋爵当上皇家学会的第一任会长，第一任的两个学会秘书是约翰·威尔金斯和亨利·奥尔登伯格。

　　皇家学会的会员在1660年创立时约为100人，到70年代时就增加到200人以上，但是在17世纪快要终了时，人们对科学的兴趣开始下降了，所以在1700年时只剩下125位会员。这以后会员人

数又增加起来，到1800年达到500人，但是500人中真正谈得上是科学家的还不到一半，其余都是名誉会员。

学会的院士都是来自英国及英联邦的著名科学家、工程师和科技人员。

自1915年以来，皇家学会的历任会长都是诺贝尔奖金获得者。

英国皇家学会现任会长是里斯勋爵。他从2005年11月起担任会长一职。

1726年，孟德斯鸠开始漫游欧洲，他考察了英国的政治制度，当选了英国皇家学会会员。

走到唯物主义的路上

> 尽管上帝万能，也不能毁弃诺言，欺
> 骗世人。甚至上帝常常无能为力的原因，
> 也许不在他本身，而在有关的事物；他之
> 所以不能改变事物的本质，原因在此。
>
> ——孟德斯鸠

　　孟德斯鸠是一个自然神论者。他的一系列社会政
治思想和政治态度，都与其自然神论思想有着密切联
系，以它为基础。

　　从自然神论的观
点出发，孟德斯鸠虽
然否认天主教和其它
宗教有神的存在，但
又确认超自然的、神
的始原的存在。在
《论法的精神》一书
中，他开宗明义地宣
称：上帝是宇宙的创

→ 法国启蒙运动直接影响到美国的诞生

造者和保养者。上帝在创造了世界之后，便不再对世界进行干预，世界只按照自身的规律发展。而且上帝本身也要按照根本理性即法律或规律行事，不能任意地自由地行事。"因此，尽管上帝万能，也不能毁弃诺言，不能欺骗世人。甚至上帝常常无能为力的原因，也许不在他本身，而在有关的事物；他之所以不能改变事物的本质，原因在此。"

在孟德斯鸠自然神论的观点中，关于否定上帝属性的解释是模糊不清的，并把这一属性和所谓存在的共同规律性混合起来。从哲学上看，只能说明孟德斯鸠从有神论向无神论迈进了一步，但又不够坚决。他认为：上帝是有缺陷的，而不是完美的；上帝不受其它的限制，而只受本身的限制；上帝是万能的，但又不能改变事物的本质，上帝的预见和他的正义又是不相容的等等。

作为自然神论者，孟德斯鸠如同自己的思想先驱一样，他既相信宗教，又相信人类理性，力图用理性的尺度来衡量宗教，并通过批判宗教迷信的神秘色彩来使宗教理性化，把信仰建立在理性的基础上。但是，他又比自己的前辈前进了一步：他提出并强调规律的重要性。他从承认神的存在和一切存在都必须服从一定的规律这个命题出发，得出下列结论："一切存在物都有它们的法"；"有一个根本理性存在着"。他认为："法就是这个根本理性和各种存在物之间的关系，同时也是存在物彼此之间的关系。"

孟德斯鸠在自己的结论中，除了自然神论的观点

← 美丽的凡尔赛宫景色

↑孟德斯鸠于英国皇家学会成立早期加入了该学会

外，还包含了某些唯物主义倾向和极其可贵的辩证法思想。他说世界是由物质的运动形成的，并且是没有智能的东西，但是它却永恒地存在着。所以它的运动必定有不变的规律，世界没有这些规律将不能生存。"这些规律是确定不移的关系，在两个运动之间，一切运动的承受、增加、减少和丧失，是取决于重量和速度间的关系；每一不同，都有其同一性；每一变化，都有其永恒性。"他在自己的著作中曾经批判过苏格拉底、柏拉图和马勒伯朗士的唯心主义：柏拉图的"理念"世界是脱离现实的，是人们脱离对自然界的认识而观察出来的概念。因此，他深信，原始人类起初是借助感觉来认识世界，后来逐渐借助"理性"来概括感觉的材料；他强调感觉的意义和对实物的经验认识的重要性，确信知识来源于经验。

在《波斯人信札》中，也表达了这样一些极其重要的思想，他写道：地球和其它行星一样，受运动规律支配；它在自身内部，忍受着各种元素的经常不息的搏斗：海洋与大陆仿佛处于永恒的战斗中；每时每刻都有新的组合产生。可见，地球乃是人类托身于其上的如此变化多端的寓所。

孟德斯鸠承认客观真理，批判唯心主义和不可知论。唯物主义的经验论和感觉论贯穿在他的全部著作中。但是，作为法国早期的自然神论者的孟德斯鸠，就像他的哲学前辈们一样，在哲学上停留在唯物主义的半途上，成为自然神论者。孟德斯鸠借助自然论这个思想武器，批评中世纪占统治地位的神学论和宗教观点，用它来限制神权，主张君主立宪。

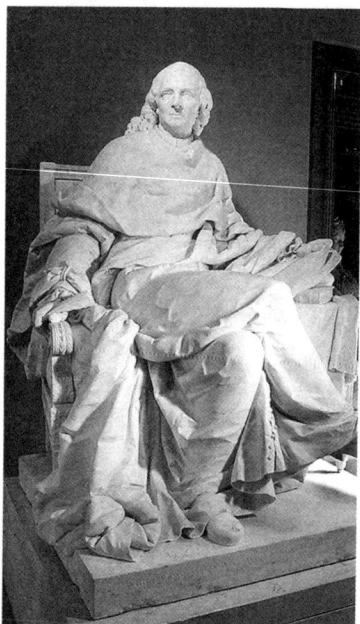

← 孟德斯鸠雕像

相关链接
XIANGGUAN LIANJIE

枫丹白露

枫丹白露（Fontainebleau），是法国巴黎大都会地区内的一个市镇，位于巴黎市中心东南偏南55公里处。枫丹白露属于塞纳马恩省的枫丹白露区，该区下属87个市镇，枫丹白露是区府所在地。枫丹白露是法兰西岛最大的市镇，也是该地区仅有的比巴黎市还大的市镇。枫丹白露与毗邻的4个市镇组成了拥有36713名居民的市区，是巴黎的卫星城之一。

Fontainebleau一词意为"美丽的泉水"。枫丹白露的居民被称为"Bellifontains"。枫丹白露森林是法国最美丽的森林之一，橡树、枥树、白桦等各种针叶树密密层层，宛若一片硕大无比的绿色地毯。秋季来临，树叶渐渐交换颜色，红白相间译名为"枫丹白露"。枫丹白露虽然是按发音译成的中文名字，但是和香榭丽舍大街一样，是翻译史上难得的神来之笔。和"香榭丽舍"一样，"枫丹白露"这个译名会让人不自觉地陷入无尽的美丽遐想。思海里有树影的摇曳，有清秋的薄露，有季节的转换，有时光的永恒。无论它是徐志摩笔下的"芳丹薄罗",还是朱自清纸上的"枫丹白露",它永远指的都是一个地方,一个和它的名字一样美的地方。可以说"芳丹薄罗"这个译音更较"枫丹白露"近似于法语的原始发音,但是又有哪种译名更能美过"枫丹白露"呢?

枫丹源于秋色瑟缩,枫叶红彤,白露则指日光奔腾,露水莹莹。名字的气势还远远不足以描绘真正的枫丹白露。枫丹白露是法国历史的一个缩影。有人说:"你要啃一本枯燥的法国历史书,不如到枫丹白露来走一遭。"枫丹白露有不少吸引人的去处。枫丹白露森林因面积大和景色优美而著名,是巴黎人喜爱的周末度假地。位于枫丹白露森林中的枫丹白露宫曾经是法国国王的行宫别苑,现在则是法国国家枫丹白露博物馆。

在枫丹白露镇子的一角,有一大片皇家庄园,这个建在森林中的宫殿建筑群,就是法国最大的王宫之一的枫丹白露宫。建筑周围有面积为1.7万公顷的森林,曾经是供皇室成员狩猎的皇家苑囿。

枫丹白露宫曾经是法国国王的行宫别苑,现在则是法国国家枫丹白露博物馆。枫丹白露宫始建于

1137年，是由当时的国王路易六世下令建造的，后经历代整建和装修，枫丹白露宫最终成为一座富丽堂皇的宫殿式建筑群落。它最初仅是国王的狩猎行宫，后经过扩建，成为法国的王宫之一，如拿破仑一世（拿破仑·波拿巴）就把枫丹白露宫作为他的第一皇宫。枫丹白露宫的建筑工程由法国建筑师完成，而内部装饰由意大利艺术家负责，因此融意法两国风格于一体，形成了建筑艺术上著名的"枫丹白露派"。

在枫丹白露宫中还有一座由拿破仑三世的奥日妮皇后主持建造的中国馆，里面陈列着中国明清时期的绘画、金玉首饰、牙雕、玉雕等上千件艺术珍品。

法国大革命以后，拿破仑搬到了枫丹白露。枫丹白露虽然没有遭到大革命后的彻底毁坏，但是豪华的家具却被搬走、偷窃或被砸坏，几乎见不到了。拿破仑抓紧时间重新装修好几间宫厅，当时搞内部装修的工匠多到800人。拿破仑把国王厅，亨利四世和路易十六住过的宫厅改建成皇冠厅，还从巴黎搬来不少家具。拿破仑和皇后约瑟芬则住在弗朗索瓦一世长廊上边的房间里。现在这些套间统称为拿破仑一世套间。

探索社会发展的规律性

> 金银有一天是会用完的，至于德行、坚忍、力量和贫困却是永远取之不尽，用之不竭的。
>
> ——孟德斯鸠

孟德斯鸠是资产阶级社会学和资产阶级历史科学的奠基人之一。他非常重视现实的关系，以经验为基础对社会和政治制度进行大规模研究。在《罗马盛衰原因论》一书中，他第一次比较系统地论述了自己的社会学理论和历史观点。他的巨大历史功绩在于：试

← 欧洲的沙龙文化

图通过对业已记载下来的历史事实的分析，找出他们共同的规律性，借以摆脱中世纪的思想家、历史学家用无定的、宗教的和神灵的因素来解释历史的传统观点的影响。

孟德斯鸠认为历史事件服从于一般的规律性，各个国家的风俗、习惯和政治制度决定人民的历史命运；世界不是由上帝来统治，人类也不是由命运来支配的。他希望通过对古罗马盛衰始末的研究和观察，探索出一个国家的盛衰原因来，这个原因有着它的精神上、物质上和自然的条件。

孟德斯鸠非常赞赏罗马共和国的道德，强调公民道德在罗马历史上的巨大作用。他在论述罗马共和国道德时，总是和迦太基的缺点联系起来，进行类比。他写道："法律统治之下的罗马，人民容许元老院领导国家大事；迦太基则是营私舞弊的人们的天下，因此人民对于任何事都愿意自己做才放心。

迦太基凭借自己的财富与罗马的贫穷作战，但正因为如此，却有它不利的一面："金银有一天是会用完的，至于德行、坚忍、力量和贫困却是永远取之不尽，用之不竭的。"

按照孟德斯鸠的见解，公民道德乃是罗马共和国光荣和强大的基础。而一旦罗马人的道德败坏，罗马

←统治阶级与启蒙思想家们激烈论战

也就必不可免地要走向灭亡。罗马衰亡的原因正在于：它出现了野心家，它的掠夺扩张政策，致使人民的风俗败坏，发生内讧，互相残杀，财产集中于少数人手中，形成贫富不均现象，民族精神不振，国内外贸易也遭到严重破坏等。显然，孟德斯鸠在社会历史观方面仍然是一个唯心主义者。但是，其中也包含有合理因素，最有价值的就是关于人类社会历史发展的规律性的思想。

《罗马盛衰原因论》一书就已显示出寻找社会发展的一般原因的意图。在这本书里，孟德斯鸠反对命运支配世界的说法。他认为，历史事件的成败、王国的兴衰决不是偶然的，而必有其一般的原因，即"总的基础"。在《论法的精神》中，他则进一步力图建立某

→华丽的凡尔赛宫

些"原则"，力图从事物的性质推演出某些原则来。他说，世界上一切存在物都有它们的规律。那种认为世界上的一切东西都是由一种盲目的命运产生出来，否认规律的存在的说法是极端荒谬的，因为规律是由事物的性质产生出来的必然关系。由此我们看到，孟德斯鸠把规律看作事物本身所固有的，即客观存在的，而不是外部强加的。

但是，孟德斯鸠并没有正确地理解规律一词的真正涵义。他说：人，作为一个"物理的存在物"来说，是和一切物体一样，受不变的规律的支配的。作为一个"智能的存在物"来说，人是不断地违背上帝所制定的规律的，并且更改自己所制定的规律。他虽然提出了社会规律问题，但是，他把社会规律时而看作是客观的，时而看作是主观的，没有弄清社会规律、自然规律和法三者间的正确关系。

孟德斯鸠对资产阶级社会学的另一个重大贡献在于，他是地理学派的创始人之一。他特别强调地理因素在人类社会发展中的作用，而且提出了一种社会学研究方法，以比较的方法对体制以及对体制有影响作用的其它制定性条件和非制度性的自然条件进行社会学方面的研究。

在地理因素中，孟德斯鸠特别强调气候的影响作用，认为气候的影响是一切影响中最强有力的影响。它对各民族的性格、感情、想象力和智慧，以及道德、风俗、宗教和法律等有巨大影响。

孟德斯鸠在考察气候对人的决定性影响时，运用了他掌握的生理学知识来加以论证。例如他说，在寒冷气候下，心脏的动作和纤维末端的反应都较强，分泌比较均衡，血液会更有力地走向心房。寒冷的空气会增加纤维末端的弹力，还会减少这些纤维的长度，因而更增加他们的力量。所以北方人有较强的自信，较大的勇气，较充沛的精力。炎热的气候则使人皮肤组织松弛，神经的末端展开，对快乐的感受性极端敏锐；极度炎热的气候会使人完全丧失力量，使人没有

任何好奇心，没有任何高尚的进取心：懒惰、自私。孟德斯鸠还用这些理论解释了印度佛教教义的产生，东方炎热国度僧侣制度的起源。

孟德还用气候来解释各种不同宗教的地方性的戒律以及人们饮酒的风俗习惯和禁酒的法律；他认为，地理位置、气候与各民族的娱乐、节日的多寡也有关系。

在地理条件中，土壤与居民的性格之间，尤其是同民族的政治制度之间也有非常密切的依赖关系。他认为，肥沃的土壤使人眷恋家园和生命、缺乏毅力，而贫瘠的土壤使人能艰苦奋斗，意志坚强。因此，在肥沃的土壤条件下，容易和适宜建立专制制度，法律内容比较简单；在贫瘠的土壤条件下，容易和适宜建立民主共和制度，法律的基本内容应包括规定投票权利、选举方式、人民参政和制定法律的方式等事项。

孟德斯鸠还用地理位置和地理格局等因素说明"亚洲的奴役"和"欧洲的自由"问题。他说，亚洲有一些大帝国，它们出现在幅员辽阔的大平原上，在这种地理条件下，为了防止形成割据的局面，就只能实行专制制度。在欧洲的情况则不同。"在欧洲，天然的区域划分形成了许多不大不小的国家。在这些国家里，……法治是很有利于保国的。"

孟德斯鸠的上述学说是建立在大量事实材料基础上的，是他长期不懈地搜集积累材料和苦心孤诣地对自然、社会进行研究探索的重要理论成果。但是他归纳出来的理论却受预先的设想所支配，服务于一定目的。他曾经坦率地说："当我发现了罗马人的事迹证明了我的看法时，我对我的见解更加坚定了。"

相关链接
XIANGGUAN LIANJIE

笛　卡　尔

笛卡尔的理性主义对孟德斯鸠思形成自己的理论产生着深刻的影响。

1596年3月31日生于法国小镇拉埃的一个贵族家庭。因家境富裕从小多病，学校允许他在床上早读，养成终生沉思的习惯和孤僻的性格。1606年他在欧洲最有名的贵族学校——耶稣会的拉弗莱什学校上学，1616年在普依托大学学习法律与医学，对各种知识特别是数学深感兴趣。在军队服役和周游欧洲中他继续注意"收集各种知识"，"随处对遇见的种种事物注意思考"，1629年到1649年间，他在荷兰写成《方法谈》（1637）及其附录《几何学》、《屈光学》、《哲学原理》（1644）。他的哲学与数学思想对历史的影响是深远的。人们在他的墓碑上刻下了这样一句话："笛卡尔，欧洲文艺复兴以来，第一个为人类争取并保证理性权利的人。"

笛卡尔强调科学的目的在于造福人类，使人

成为自然界的主人和统治者。他反对经院哲学和神学，提出怀疑一切的"系统怀疑的方法"。但他还提出了"我思故我在"的原则，强调不能怀疑以思维为其属性的独立的精神实体的存在，并论证以广延为其属性的独立物质实体的存在。他认为上述两实体都是有限实体，把它们并列起来，这说明了在形而上学或本体论上，他是典型的二元论者。笛卡儿还企图证明无限实体，即上帝的存在。他认为上帝是有限实体的创造者和终极的原因。笛卡儿的认识论基本上是唯心主义的。他主张唯理论，把几何学的推理方法和演绎法应用于哲学上，认为清晰明白的概念就是真理，提出"天赋观念"。

笛卡尔的自然哲学观同亚里士多德的学说是完全对立的。他认为，所有物质的东西，都是为同一机械规律所支配的机器，甚至人体也是如此。同时他又认为，除了机械的世界外，还有一个精神世界存在，这种二元论的观点后来成了欧洲人的根本思想方法。

最著名的思想就是"我思故我在"。意思是："当我怀疑一切事物的存在时，我却不用怀疑我本

身的思想，因为此时我唯一可以确定的事就是我自己思想的存在"。这句被笛卡儿当作自己的哲学体系的出发点的名言，在过去的东欧和现在的中国学界都被认为是极端主观唯心主义的总代表，而遭到严厉的批判。很多人甚至以"存在必先于意识"、"没有肉体便不能有思想"等为论据，认为笛卡儿是"本末倒置"、"荒唐可笑"。笛卡尔的怀疑不是对某些具体事物、具体原理的怀疑，而是对人类、对世界、对上帝的绝对的怀疑。从这个绝对的怀疑，笛卡儿要引导出不容置疑的哲学的原则。

　　笛卡尔本想在一本题为《世界》的书中介绍他的科研成果，但是当该书在1633年快要完稿时，他获悉意大利教会的权威伽利略有罪，因为他拥护哥白尼的日心说。虽然笛卡儿在荷兰未受到天主教权威的迫害，但是他还是决定谨慎从事，收书稿进箧入匣，因为在书中他捍卫了哥白尼的学说。但是在1637年他发表了最有名的著作《正确思维和发现科学真理的方法论》，通常简称为《方法论》。

　　笛卡儿在《方法论》中指出，研究问题的方

法分四个步骤：

1.永远不接受任何我自己不清楚的真理，就是说要尽量避免鲁莽和偏见，只能是根据自己的判断非常清楚和确定，没有任何值得怀疑的地方的真理。就是说只要没有经过自己切身体会的问题，不管有什么权威的结论，都可以怀疑。这就是著名的"怀疑一切"理论。例如亚里士多德曾下结论说，女人比男人少两颗牙齿。但事实并非如此。

2.可以将要研究的复杂问题，尽量分解为多个比较简单的小问题，一个一个地分开解决。

3.将这些小问题从简单到复杂排列，先从容易解决的问题着手。

4.将所有问题解决后，再综合起来检验，看是否完全，是否将问题彻底解决了。

在20世纪60年代以前，西方科学研究的方法，从机械到人体解剖的研究，基本是按照笛卡儿的《谈谈方法》进行的，对西方近代科学的飞速发展，起了相当大的促进作用。但也有其一定的缺陷，如人体功能，只是各部位机械的综合，而对其互相之间的作用则研究不透。直到阿波罗1

号登月工程的出现，科学家才发现，有的复杂问题无法分解，必须以复杂的方法来对待，因此导致系统工程的出现，方法论的方法才第一次被综合性的方法所取代。系统工程的出现对许多大规模的西方传统科学起了相当大的促进作用，如环境科学，气象学，生物学，人工智能等等。

　　1650 年 2 月 11 日，笛卡尔死于斯德哥尔摩，死后还出版有《论光》（1664）等。

以权力制约权力

> 一切有权力的人都容易滥用权力，这是一条万古不易的经验。
>
> ——孟德斯鸠

在18世纪法国所有的政治哲学家当中，除卢梭外，首要人物当推孟德斯鸠。作为一位启蒙学者，反封建的思想是他的思想体系中的主线。他虽然出身贵族，却一生都对专制政体怀有极大的恶感，站在法国新兴资产阶级的立场上揭露和批判了封建专制主义。在他的著作中，随处都可以看到他对封建专制主义的无情揭露和深刻批判。

孟德斯鸠认为，封建制度不合乎人类的理性，它只会给人民带来愚昧无知和沉重的负担，使人民处在极度贫困之中。他根据亲身的经历，痛恨在法国封建君主统治下的无谓的王位争夺战争；宗教对人民的奴役、对新教

← 法国18世纪钱币

↑从现在的巴黎也依稀可以感觉到启蒙运动的气息

的迫害；宗教裁判所的严刑逼供和草菅人命；对自由思想的压抑；法官的昏庸无能；宫廷的腐化堕落；王公大臣们的优游闲散和傲慢不逊等等。在《论法的精神》一书中，孟德斯鸠从《耶稣会士书简集》中援引了一个例子，来说明专制主义的实质："路易斯安纳的野蛮人要果子的时候，便把树从根底砍倒，采摘果实。这就是专制政体。……专制政体的原则是恐怖。但是胆怯、愚昧、沮丧的人民是不需要许多法律的"。

孟德斯鸠指出，专制主义与法律是格格不入的。专制制度是一个完全由君主一个人独断专行，藐视任何法律的国家制度。在专制国家里，君主完全按照自己一时的与反复无常的意志行事，所以，专制国家也就不需要法律，而即使有法律，那也形同虚设，等于零。专制君主是金口玉牙的，他的话就具有法律的效力，正所谓"朕即法律"。显然，在这样的国家里，我们不知道立法者有什么法可以订立，法官有什么案件可以裁判。因为所有土地都属于君主，所以几乎没有任何关于土地所有权的民事法规。因为君主有继承一切财产的权利，所以也没有关于遗产的民事法规。

在孟德斯鸠看来，封建专制国家虽然形式上也有法律，但由于这些法律往往很不完备，其条文又含混不清，必然流弊重重。所谓"大逆罪"就是如此。以中国封建时代为例，他说，按照那时的中国法律规定，任何人对皇帝不敬就要被处死刑，但由于法律没有明确规定什么叫不敬，所以任何事情都可拿来作借口去剥夺任何人的生命，去灭绝任何家族。

如此恐怖的专制制度不仅是产生暴君的土壤，而且还是孕育官僚阶层的温床。封建官僚们性格卑鄙、品质恶劣，都是些憎恶真理、谄媚、背信、弃义的人。为了维护专制统治，专制君主总要把自己的权力授与善于阿谀奉承的大大小小的贪官污吏。于是宰相就变成了专制君主的化身；每一个个别的官吏又变成了宰相的化身。而在无法可循的专制国家，法律仅仅是君

← 狄德罗

主的意志而已，官吏们也只好遵从自己的意志了。大大小小的官吏便变成了大大小小的暴君。广大人民群众便只能落得个悲惨的命运："人的命运和牲畜一样，就是本能、服从与惩罚。"

孟德斯鸠还以生动有力的笔触批判了封建专制制度下的奴化教育，描述了封建专制制度下知识分子的可悲遭遇。由于专制政体的性质要求绝对服从，所以专制国家的教育也就必然是奴化教育，努力把恐怖置于人们心里，降低人们的心志，培养好奴隶。于是，宫廷学者就成了暴君的奴隶，他们只能为国王及其奴仆写些歌功颂德的东西，而如果他们思想中有高尚的成分，在感情上有正直的成分，敢于直书，描写真实，敢于替人民说话，那就要遭到迫害，被送进巴士底狱。

君主专制制度下的法国人民还遭受到来自宗教的奴役和迫害。天主教会是当时封建社会政治与经济的支柱。因此，启蒙学者们在反对封建制度的同时，必须对宗教进行斗争。孟德斯鸠也以一位政论家的面目出现，在他的《波斯人信札》和《论法的精神》等主要著作中，探讨宗教问题。

首先，孟德斯鸠认为，宗教神学与科学是格格不入的。他证明说，科学与神学毫不相干，因为科学应当研究自然界及其规律，而宗教神学却只能相信上帝和宗教教条。科学应当为人民服务，而神学却是为上帝服务的。因此，孟德斯鸠大声疾呼：科学要摆脱宗教的束缚，坚决反对中世纪天主教会所提出的"科学是神学的侍婢"的口号。

其次，孟德斯鸠并不认为宗教毫无存在的理由，因为它对人类社会毕竟还有一些用处。虽然虚伪的宗教都不能给人来世的快乐，但仍有些是"最符合于社会的利益"的，有些是"能够使人得到今生的幸福"的。可见，在孟德斯鸠看来，各种宗教都是虚伪的，

←巴黎街景

宗教的存在又是很重要的。他把宗教看作是一种约束力量。因此，"即使说，老百姓信仰宗教是没有用处的话，君主信仰宗教是有些用处的；宗教是惟一约束那些不畏惧人类法律的人们的缰绳，君主就像狂奔无羁、汗沫飞溅的怒马，而这条缰绳就把这匹怒马勒住了。"

在各种宗教组织中，孟德斯鸠认为，基督教是一种值得尊重的真正的宗教，对于信教的君主们是一种约束的力量。真正的基督教对于信教的臣民也能起到良好的作用。他说，真正的基督徒，如果作为公民的话，一定非常了解自己的职责，并将用最大的热诚去尽他们的职责。他们越相信受到宗教的恩泽，就越想念受到祖国的恩泽。基督教的原则，深深铭刻在人们

→凡尔赛宫一角

心坎上的时候，将比君主国那种虚伪的"荣誉"，共和国那种属人的"品德"和专制国家那种奴隶性的"恐怖"，远为坚强而有力。

孟德斯鸠对法国天主教特别痛恨。天主教为封建统治阶级服务，不利于社会经济的发展，它使人民生活贫困，给人民带来灾难。而基督教新教却比天主教优越得多，它使经济发展，人口增加，给人们带来幸福。

孟德斯鸠的自然神论的观点对他的宗教思想有很大影响。如上所述，他从社会政治和经济的因素出发，将新教和天主教作了类比，说明新教对社会发展有利，而没有从宗教的教义去作类比。另一方面，他不直接否定上帝的存在，又不反对一切宗教及其教条，他是承认上帝存在和上帝创造世界的。

孟德斯鸠憎恶专制独裁。他时刻怀有一种忧虑，

→巴黎风光

觉得君主专制政体极大地破坏了法国的传统结构，使自由无法实现。那么，令孟德斯鸠苦思冥想的自由究竟是什么？

孟德斯鸠把自由看作是一个人的"无价之宝"，认为它是"不能出卖的"。他认为自由有两种：一是哲学上的自由；二是政治自由。哲学上的自由是要能够行使自己的意志，或者，至少自己相信是在行使自己的意志，即意志自由。要了解公民的政治自由，必须把同国家政体相联系的政治自由的法律和同公民相联系的政治自由的法律区别开来。

孟德斯鸠强调政治自由必须是"政制的自由"和"公民的自由"的统一。在政治自由与国家政体相联系的场合，某种政体能够稳定地、持久地、不受意外情况干扰而行使自己的意志，就是政制的自由；而公民的自由是指生活在某种政体下的每个人除了服从法律之外，能够不受另外的个人干扰而行使自己的意志。这两方面内容的统一就是政治自由。只有一种自由，或者政制是自由的，而公民却毫无自由，或者公民是自由的，而政制却毫无自由，都不能算作政治自由。从这个意义上讲，专制政体虽然只有某种盲目的"政制的自由"，而人民却毫无自由可言，所以说专制政体下没有政治自由。民主政治固然有较多的"公民的自由"，但是国家的意志经常因权力被滥用而受到干扰，政制的自由无可靠的保障。至于贵族政制因缺乏稳定性的政体，"政制的自由"和"公民的自由"都无保障。因此，民主政治和贵族政制都没有切实长久的政

治自由。在孟德斯鸠看来，只有君主立宪政体才能实现政治自由。健全的法制是政治自由的基础。自由以守法为前提，没有法律保障，就谈不上自由。

← 法国大革命时期的军队

政治自由和国家政体相联系，只有在法治国中才会有真正的政治自由。在法治国中，行政权没有专横垄断的余地，一切都由法律来统治，因此它同专制相对立而同民主和自由相通。一个人只有受法律支配才有自由，我们自由是因为我们生活在法律之下。孟德斯鸠还指出，人们通常认为共和国有自由，而君主国无自由，认为在民主政治的国家里，人们仿佛是愿意做什么几乎就可以做什么。其实是把人民的权力同人民的自由混淆起来了。他自己对自由的看法是："在民主国家里，人民仿佛愿意做什么就做什么，这是真的；然而，政治自由并不是愿意做什么就做什么。在一个国家里，也就是说，在一个有法律的社会里，自由仅仅是：一个人能够做他应该做的事情，而不被强迫去做他不应该做的事情。""我们应该记住什么是'独立'，什么是'自由'。自由是做法律所许可的一切事情的权利；如果一个公民能够做法律所禁止的事情，他就不再有自由了，因为其他人也同样会有这个权利。"

另一方面，孟德斯鸠还从政治自由和公民关系上考察政治自由，得出政治自由的关键问题在于人们的安全，或者是人们认为自己享有安全的结论。他极其深刻地指出，"一个公民的政治自由是一种心境的平安状态。这种心境的平安是从人人都认为他本身是安全的这个看法产生的。要享有这种自由，就必须建立一种政府，在它的统治下一个公民不惧怕另一个公民。"

为了确保每一个公民都有一种安全感，享有真正的政治自由，孟德斯鸠建议像英国那样，实行君主立宪制，建立一种实行三权分立制的政府。

值得注意的是，孟德斯鸠在《论法的精神》一书中，有关自由问题的论述，前后的说法不一样。其中的缘由可能有二，一是《论法的精神》一书的写作前后至少达 17 年之久；二是孟德斯鸠于 1728—1731 年间周游欧洲，尤其是在英国的居住，对于他学术思想的发展过程无疑起了关键作用。他早期受经典著作熏陶，对自由的热爱主要是伦理性质的。这一阶段的思想在《论法的精神》中表现在，他认为道德成为公共精神是

← 大革命后期

共和政体的先决条件。但是孟德斯鸠对当时存在于荷兰和意大利的共和政体的实地考察结果，却丝毫没有证实他原先的设想。他在英国的经历启发他产生了新的观念：自由也许不是产生于高尚的市民道德，而是政治的正确组织的结果。孟德斯鸠在《论法的精神》中，如实记载了他的新发现，提出了根据权力分立原则建立政府的主张。显然是基于同样的原因，他在《波斯人信札》和《罗马盛衰原因论》中曾是拥护共和政体的，在《论法的精神》中却转而拥护君主政体了。

孟德斯鸠把政体分为三种类型。每种类型都有其性质和原则。所谓政体的"性质"是指由谁或由哪个集团来掌握最高权力；所谓政体的"原则"指政府用

→凡尔赛宫

以激励担任公职的人们的方法，以便最强有力地和最有效地发挥其作用。

孟德斯鸠根据统治者人数的多寡来确定政体的性质。他把政体分为三种：共和政体、君主政体和专制政体。对于这三种政体的性质和原则，他认为，共和政体是全体人民或仅仅一部分人民握有最高权力的政体，它的原则是品德；君主政体是由单独一个人执政，不过遵照固定的和确立了的法律，其原则是荣誉；专制政体是既无法律又无规章，由单独一个人按照一己的意志和反复无常的性情领导一切，它以恐怖为原则。

在孟德斯鸠看来，君主政体和专制政体是有严格区别的，主要表现在它们的性质和原则上。他还从主张改良的观点出发，认为君主政体优越于专制政体。

→早期油画中的英国皇家学会

这就是，在实行君主制的国家，当国内发生纷乱的时候，事情不会走向极端，不会做得过分，因为这时君主和宰相等"明智而有权威的人们"便会出来采取温和手段，商议解决办法，改正弊端，使法律重新发生效力。

孟德斯鸠力图区别君主政体和专制政体的努力并没有多大意义。但是，他的君主立宪主张在当时的历史条件下是具有一定的进步意义的。他不可能公开号召人们用暴力去推翻反动的封建专制制度，喊出"打倒暴君"的口号。他强调"爱自己的君主"，君主政体中的"君主"并不是专制暴君，其目的在于，同封建贵族妥协的同时，通过改变组织权力和行使权力的体制使君主"开明"，恢复人民本来的自由状态。因此，孟德斯鸠继承和发展了洛克的分权理论，系统地提出了三权分立学说。

孟德斯鸠把权力分为三种，即立法权、司法权和行政权。他说："每一个国家有三种权力：（一）立法权力；（二）有关国际法事项的行政权力；（三）有关

← 凡尔赛宫前的路易十四铜像

民政法规事项的行政权力。""依据第一种权力，国王或执政官制定临时或永久的法律，并修正或废止已制定的法律。依据第二种权力，他们媾和或宣战，派遣或接受使节，维护公共安全，防御侵略。依据第三种权力，他们惩罚犯罪或裁决私人讼争。我们称后者为司法权力，而第二种权力则简称为国家的行政权力。"

孟德斯鸠在《论法的精神》一书中，提出三权划分的标准和依据时，是和公民自由联系在一起来考虑的。他强调指出：如果不实行三权分立的制度，公民的政治自由就得不到任何保障。当立法权和行政权集中在同一个人或同一个机关之手，自由便不复存在了。因为这个人或这个机关可以用暴力方法来执行他们自已制定的法律。同理，如果司法权同立法权合而为一，则将对公民的生命和自由施行专断的权力，因为法官就是立法者。他进一步论证说，为了防止权力滥用，必须使权力相互制约。"一切有权力的人都容易滥用权力，这是一条万古不易的经验。"而且，有权力的人使用权力一直到遇有界限的地方才休止。因此，为要防止掌权者滥用权力，就必须"以权力约束权力"。

这就是说，必须使立法权、行政权和司法权分掌在不同的人、不同的国家机关手中。在孟德斯鸠看来，这样做，既可以使三种权力互相制约，又可以使这三种权力保持平衡，从而使这三种权力有条不紊地、互相协调地行动，并最终建立起真正的法治国家。

关于三权的归属和行使，孟德斯鸠认为，立法权应该由人民集体享有，由人民选出的代表机关——议会来行使。（这里的人民主要是指资产阶级和贵族。）

← 18世纪法国人的生活

→18世纪中叶法国军队

他说人民的能力只限于选举代表，完全不适宜讨论事情，应该充分发挥贵族在立法事务中的作用。立法机关中的贵族院有助于调节国家权力，使立法权和行政权趋于宽和适中。行政权执行国家意志，应该掌握在君主手中，但君主必须服从法律。司法权属于审判机关。法院和法官既不属于君主，也不属于国会。司法权是超然的、独立的，既不为特定阶级专有，也不为特定职业人员专有。

相关链接

XIANGGUAN LIANJIE

沙 龙

沙龙是意大利语，原意为大客厅，进入法国后引申为贵妇人在客厅接待名流或学者的聚会。

第一个举办文学沙龙的是德.朗布依埃侯爵夫人（1588-1655）。她出身贵族，因厌倦烦琐粗鄙的宫廷交际，但又不愿意远离社交，于是在家中举办聚会。她的沙龙从1610年起开始接待宾客，很快就声名鹊起。在她的沙龙里，成员彬彬有礼，使用矫揉造作却又不失典雅优美的语言，话题无所不包，学术、政治，时尚甚至是流言蜚语。这类沙龙通常由出身贵族的女性主持，她们才貌双全，机智优雅，被称为"女才子"。

18世纪以后，沙龙谈论的话题更为广泛，不仅有文学艺术还有政治科学，有时也会出现激进的思想言论，称为革命的温床。

法国大革命期间，沙龙活动被禁止，之后尽管有所复苏，但也只是昙花一现，随后逐渐演变为展览之意。

　　沙龙的形式在17世纪传入法国，最初为卢佛尔宫画廊的名称。日后逐渐指一种在欣赏美术结晶的同时，谈论艺术、玩纸牌和聊天的场合，所以沙龙这个词便变为不是陈列艺术品的房间，而更多的是指这样的集会了。

　　在17和18世纪时的法国，作为社交场所的沙龙，具有很大的影响。当时图书不像现在这样普及，各种宣传工具也不发达，一些文人学士往往在沙龙里朗诵自己的新作。在沙龙里传播信息，制造舆论，从高谈阔论中吸取富于智慧的语言，洞察人们的良知，自然也是一个极好的机会。法国最有名的沙龙要属巴黎的朗布伊耶它邸，这里集中了当时法国的许多名流、学者。进入18世纪以后，沙龙的性质有所变化，在沙龙里所谈论的，主要的不是文学艺术而是政治科学，有时也出现过激的言论，因而那时的沙龙往往成为革命的温床。不久，由沙龙派生出来了只讨论政治问题的俱乐部。现在美术展览使用沙龙这名字的也屡见不鲜，最早的美展则是由1667年路易十四举办的。

　　"沙龙"也是法语Salon一字的译音，中文意即客厅，原指法国上层人物住宅中的豪华会客厅。

从17世纪，巴黎的名人（多半是名媛贵妇）常把客厅变成著名的社交场所。进出者，每为戏剧家、小说家、诗人、音乐家、画家、评论家、哲学家和政治家等。他们志趣相投，会聚一堂，一边品尝饮料，欣赏典雅的音乐，一边就共同感兴趣的各种问题抱膝长谈，无拘无束。后来，人们便把这种形式的聚会叫做"沙龙"，并风靡于欧美各国文化界，19世纪是沙龙鼎盛的时期。

正宗的"沙龙"有如下特点：1.定期举行；2.时间为晚上（因为灯光常能造出一种朦胧的、浪漫主义的美感，激起与会者的情趣、谈锋和灵感）；3.人数不多，是个小圈子；4.自愿结合，三三两两，自由谈论，各抒己见。

沙龙一般都有一个美丽的主持人。沙龙的话题很广泛，很雅致；常去沙龙的人都是些名流。我们在欧洲电影、小说和戏剧中经常会看见富丽堂皇或典雅精致的沙龙场面。20世纪的30年代，中国也曾有过一个著名沙龙，女主人就是今天人们还经常提起的林徽因，可见这种社交方式早就传到了中国。

集法学之大成

> 一切存在物皆有法。自由就是做一切
> 法律许可的事的权力。
>
> ——孟德斯鸠

　　孟德斯鸠的一生都与法学结下了不解之缘。他几乎花了毕生精力才完成《论法的精神》这部巨著，在这里，他系统地提出了关于国家和法的理论。因此，它不仅是具有独特风格的百科全书，也是资产阶级法学最早的古典著作之一，确立了孟德斯鸠成为资产阶级法学理论的奠基人地位。这部名著对18世纪欧美资产阶级革命起着思想准备和理论指导的作用；从而也为资产阶级建立国家和法律制度奠定了理论基础。

　　孟德斯鸠研究法的一个基本方法是从广义和狭义两种意义上来认识法。他说，"从最广泛的意义来说，法是由事物的性质产生出来的必然关系，在这个意义上，一切存在物都有它们的法。上帝有他的法；物质世界有它的法；高于人类的'智灵们'即神有他们的法；兽类有它们的法；人类有他们的法。"（有的中译本把"法"译为"规律"。这与法文中"｜oi"一词有多种含义有关。）这种广义上的法大致相当于人们今天所说的"规律"。作为最广泛意义上的法，主要是由三种法所构成的，即自然法、人为法和神为法。从三种法的角度具体来认识法，也就是从狭义上来认识法。

理性论是孟德斯鸠法思想赖以建立的基石。他说，世界上一切东西的产生不是基于盲目的命运，而是受一个根本理性的支配。法就是这个根本理性和各种存在物之间的关系，同时也是存在物彼此之间的关系。什么是根本理性呢？在孟德斯鸠看来，世界是由物质的运动形成的，它的运动必定有不变的规律可循。任

← 18世纪法国宫殿

→ 法国田园

何事物没有规律将不能存在，世界没有这些规律将不能生存。这些"固定不易的规律"就是根本理性，它是万事万物的主宰。

但是根本理性在支配一切事物时，情况有所不同。因为世上所有事物可以分为两类，即"智能的存在物"和"物理的存在物"。"智能的存在物"因受到其本性的限制，不像"物理存在物"那样永恒不变地遵守自己的原始规律。人，作为一个物理的存在物来说，和一切物体一样，都受不变规律的支配。但人作为一个智能存在物来说，又是一个有局限性的存在物，不能避免无知与错误。他受到千百种情欲的支配，常常不断地违背上帝所制定的规律。

孟德斯鸠认为人类的法律即是人类理性的体现。

他从理性论出发论述了自然法和人为法。

自然法就是人类理性，是人类社会建立以前就存在着的规律，因而是人类处于自然状态时所适用的法。自然法单纯渊源于我们生命的本质。如果要很好地认识自然法，就应该考察社会建立以前的人类。孟德斯鸠认为，自然状态下，人们都感到软弱、怯懦和自卑，几乎没有平等的感觉，首先想到的是如何保存生命、繁衍后代，而不是相互攻击；人们由于相互畏惧而相互亲近。因此，自然法原则有四条。和平应当是自然法的第一条；人类为了保存自己的生命，无不需要食物，所以自然法的第二条就是寻找食物的意图；畏惧使人逃跑，但是互相畏惧的表现却使人类互相亲近起

←法国风光

来，所以人类相互之间经常存在着自然的爱慕应当是自然法的第三条；人类除了最初的感情以外，又逐渐产生互相结合，过社会生活的愿望，这就是自然法的第四条。

　　既然人类的本性决定人要过社会生活，那么人类有了社会后是什么情况呢？在孟德斯鸠看来，"根本理性"是永恒不变的，而"人类理性"是伴随着人类社会不断演变与进化而变化的，它不是永恒不变的。自然法是人类在单纯的生活环境中的体现。人类一有了社会，便立即失掉了自身软弱的感觉，存在于他们之间的平等消失了，战争状态开始了。因为每一个个别的社会都感觉到自己的力量，这就产生了国与国之间的战争状态；每一个社会中的个人开始感觉到自己的

→ 18世纪聚在一起讨论启蒙思想的人们

←18世纪聚在一起讨论启蒙思想的人们

力量，他们企图将社会的主要利益掠夺来供自己享受，这就产生了个人之间的战争状态。这两种战争状态使人与人之间的法律——人法建立起来。人法以自然法为基础，是自然法所体现的人类理性的具体适用。其基本任务是调整人类的战争状态，处理人类之间的社会关系。

孟德斯鸠按照法所调整的对象和作用不同，把人法分为国际法、政治法和民法。

国际法是调整各国相互关系的法律，它调整每个社会间的战争状态。国际法的基本原则是：各国在和平的时候应当尽量谋求彼此福利的增进；在战争的时候应在不损害自己真正利益的范围内，尽量减少破坏。此外，应当从"战争的目的是胜利。胜利的目的是征

法
国
议
会

服。征服的目的是保全"。这一国际法原则推出一切构
成国际法的准则。

　　政治法是调整治者与被治者关系的法律。这是作
为社会生活者维持社会所不可缺少的法律。任何一个
社会的存在都需要政治法来调整和维持其内部的这种
关系。此外，人类在一切公民间的关系上也有法律，
这就是民法，它调整公民与公民之间的关系。

　　从维护私有财产的立场出发，孟德斯鸠强调应把
民法与政治法严格区分开来。他说：以民法为根据的
事情就不应当用政治法加以规定。如果说，个人的利
益应该向公共的利益让步，那就是荒谬背理之论。为
此，应该建立这样一条准则：在有关公共利益的问题

上，公共利益决不是用政治性的法律或法规去剥夺个人的财产，或是削减哪怕是它最微小的一部分。在这种场合，必须严格遵守民法；民法是财产的保障。在民法的慈母般的眼里，每一个个人就是整个的国家。

孟德斯鸠所说的民法包括我们今天所说的民法、刑法等多种人为法，但首先还是相当于我们今天所说的民法。关于这种民法，孟德斯鸠认为，它是以私人的利益为目的的，宗旨是使人类获得财产，调整契约、继承、婚姻等所由产生的一系列财产关系。

孟德斯鸠关于犯罪和刑罚的一些观点，对后世也有较大的影响。他认为，各国的法律虽然不同，但是，判断这些不同的法律之优劣的标准却是大体相同的，其中极为重要的一条是能否预防犯罪。一个良好的立

← 法国启蒙运动直接影响到美国的诞生

法者对预防犯罪的关心多于惩治罪犯。因此法律不只是对犯罪行为施以必要的和适度的惩罚，还应该对优良的品行给予奖励。他说，一个公民之所以违法，是因为它丧失了道德观念。但是，如果整个社会的道德水平不高，大多数人甚至几乎所有的人都丧失了道德观念，那么，单靠刑罚决不可能使社会重归安宁，更不可能把道德重新树立起来。因为刑罚只能惩处邪恶造成的后果，却不能铲除邪恶本身。通过对良好风尚的褒扬，可以帮助人们树立起正确的荣辱观念，成为防止犯罪的约束力量。除了通过惩恶扬善提倡并树立优良的道德风尚外，孟德斯鸠进一步指出应该在司法实践中严格区分罪与非罪的界限。罪与非罪的界限一旦混淆，不但会降低法律的效用，而且会使一些人产生不安全感，进而影响社会的安定。

孟德斯鸠还提出了罪罚相当，刑罚宜轻的思想。他说，刑罚应该根据罪的性质确定，只有这样，公民自由才有保障。大权在握的人如果不依据罪的性质，而是依据自己一时的意念随意处置罪责，那便是专断的暴行。这种情况下，最酷烈的刑罚也不可能达到预防犯罪，树立良好道德风尚的目的。另外，防止大罪应甚于小罪，避免刑罚的重轻颠倒也是罪罚相当的一个重要内容。他以中国和俄国为例来说明罪与罚不当的恶果。在中国，对犯了抢劫并杀人罪的人处以凌迟，对一般的抢劫犯则不处以这种酷刑。因为有了这种区别，中国的抢劫犯通常只抢而不杀人。在俄国，抢劫和杀人的刑罚是一样的，所以俄国的抢劫犯经常杀人。在适用刑罚时，孟德斯鸠指出，应该力争施行轻刑。因为施行刑罚的目的，不是为了让罪犯承受肉体痛苦，而是为了让罪犯产

18世纪法国宫殿

↑18世纪法国解剖课

生羞耻之心，从而减少和消除犯罪现象。如果动辄施以重刑，人们虽因此而一时产生惧怕，但久而久之也会在思想上习惯起来，此时，政府便再也无计可施了。

最后，孟德斯鸠提出了不以思想和言论问罪的观点。他说，单从言词很难区分罪与非罪，只有当言论和行动相结合时，才能准确地区分罪与非罪。因此，法律只惩罚人们外部的行动，不惩罚人们内心的思想。以思想而不以行动定罪，是暴政的表现。

孟德斯鸠虽然把法分为自然法、人法和神法等几种，但他所着重研究的是人法，研究其他法的目的也是为人法服务。而在研究人法时，又特别注重研究人法的精神实质所在。

孟德斯鸠是自然法学派中运用接近唯物主义的方

法研究法律的典型人物。他说:"一般地说,法律,在它支配着地球所有人民的场合,就是人类的理性;每个国家的政治法规和民事法规应该只是把这种人类理性适用于个别的情况。"因此,应当从法律与其他事物的普遍联系来探寻法律的精神实质。他认为,法律与国家政体、自由、气候、土壤、民族精神、风俗习惯、贸易、人口、货币、宗教都有关系,法律与法律、与他们的渊源、立法者的目的以及作为法律建立的基础的各种事物的秩序也有关系。这些关系综合起来就是所谓"法的精神"。

孟德斯鸠特别重视从法律与政体的联系的角度来

← 18世纪法国宫殿

探寻法的精神。他论述了政体的分类、定义、性质、原则、腐化等一系列问题，而这些问题同法律都有关联，并把这种研究同探寻法的精神结合起来，揭示出政体如何直接关系到是否能实行法治这样一个基本问题。

孟德斯鸠还认为，政体对立法权的归属的影响是重大的。有什么样的政体形式，就有与之相适应的法律。在实行民主政治的共和政体下，有一条基本规律，就是只有人民可以制定法律。在实行贵族政治的君主政体下，立法权掌握在君主和少数贵族手里。在专制政体下，则无所谓立法权。此外，政体对法律的繁简、法律体系、法律内容以及法律的其他许多方面，有重要意义。例如，君主政体建立了等级、门第、出身的区别，这常使财产的性质也发生差异……每一种财产

→大革命时期的法国

← 法国18世纪的乡村

都设有特别法规，财产的处分都是遵从这些法规。这样，法律就不可能简单了。在专制国家，情况迥然不同。所有土地都属于君主，几乎没有任何关于土地所有权的民事法规。因为君主有继承一切财产的权利，所以也没有关于遗产的民事法规。鉴于政体对法律有如此重要的作用，孟德斯鸠得出结论：必须使法律同已建立或将要建立的政体相适应。

作为自由论者，孟德斯鸠在阐述自己的自由观时，把法律与自由统一起来，由此探寻法的精神。法律与自由的统一论是他的法律思想理论中最富有针对性和战斗性的一部分。

笛卡尔，他的思想对孟德斯鸠有着深刻影响。

孟德斯鸠在阐述了法律与自由的一般关系后，为了保障公民的自由，他还从立法、司法等方面提出一系列进步的主张。

在立法方面，孟德斯鸠强调应当保持法律的严肃性。他说，法律是立法者创立的特殊的和精密的制度，不同于一般的风俗习惯，在内容上和形式上都有自己的特点。他在《论法的精神》一书中列举了立法者在制定法律时应当注意的一些事情：

（1）"法律的体裁要精洁简约。"孟德斯鸠认为《十二铜表法》是精简谨严的典型，小孩子都能把它背诵出来。而查士丁尼的《新法》则是繁冗散漫的典型，所以人们不得不把它加以删节。

（2）"法律的体裁要质朴平易；直接的说法总是要比深沉迂远的词句容易懂些。"

（3）"重要的一点，就是法律的用语，对每一个人要能够唤起同样的观念。""在法律已经把各种观念很明确地加以规定之后，就不应该再回头使用含糊笼统的措词。"

（4）"法律要有所规定时，应该尽量避免用银钱作规定。"因为有无数原因可以促使货币的价值改变；而改变后的同一金额就已不再是同一的东西了。

（5）"法律的推理应当从真实到真实，而不应当从真实到象征或从象征到真实。"

（6）"法律不要精微玄奥，它是为具有一般理解力的人们制定的。它不是一种逻辑学的艺术，而是像一个家庭父亲的简单平易的推理。"立法者在立法时不能

← 法国18世纪建筑

→法国大革命

忽视法律表述形式和方法。

（7）"当法律不需要例外、限制条件、制约语句的时候，还是不放进这些东西为妙。"

（8）"如果没有充足的理由，就不要更改法律。"

（9）"当立法者喜欢为一项法律说明立法的理由的时候，他所提出的理由就应当和法律的尊严配得上。"

（10）"每条法律都应当发生效力，也不应当容许它因特别的条款而被违背。"

（11）"要特别注意法律应如何构想，以免法律和事物的性质相违背。"

（12）"法律应该有一定的坦率性。法律的制订是为了惩罚人类的凶恶背谬，所以法律本身必须最为纯洁无垢。"不可染上立法者的感情和成见的色彩。

在司法方面，孟德斯鸠主张一切公民在法律和法庭面前一律平等，反对严刑拷问、株刑连坐，反对使用肉刑和报复刑，主张法无明文规定不为罪，对罪犯实行人道主义原则等。

　　孟德斯鸠法律思想体系中的核心问题是主张建立法治国家，使政治自由的实现有法律保证。但是，孟德斯鸠根据其地理环境决定论观点认为，一个国家是否实行法治，最终还要由"自然原因"即地理环境来决定。从法律与自然地理环境的关系探寻法的精神，是孟德斯鸠在法学理论上独树一帜的一个主要标志。

　　在《论法的精神》中，孟德斯鸠除论证了地理环境、土壤条件和气候条件对法律的重大影响外，还以巨大篇幅分析了法律与其它事物和现象的关系，认为所有这些事物或现象对一国的法律制度、立法、司法都有重要影响。

　　孟德斯鸠说："法律和各民族谋生的方式有着非常

←法国大革命

←18世纪法国军队

密切的关系。一个从事商业与航海的民族比一个只满足于耕种土地的民族所需要的法典，范围要广得多。从事农业的民族比那些以牧畜为生的民族所需要的法典，内容要多得多。从事牧畜的民族比以狩猎为生的民族所需要的法典，内容那就更多了。"不耕种土地的民族因为狩猎、捕鱼、牧畜，便有很多机会发生战争。由于他们不占有土地，所以按国际法去处理的事情多，而很少用民法。民法的内容增多，主要是由于土地分配引起的。所以对于耕种土地的民族来说比不耕种土地的民族，最关心土地的分配，也就更需要民法。他还研究了风俗习惯对法律的作用，认为一个民族如果有良好的风俗习惯，法律就是简单的；如果没有，法律就自然会多而复杂。

相关链接
XIANGGUAN LIANJIE

波斯人信札

《波斯人信札》是18世纪法国著名的启蒙思想家孟德斯鸠的唯一的一部文学作品。本书的主人公郁斯贝克是一位波斯贵族，他在法国旅游期间，不断与朋友通信，靠跟他众多的女人信件来往进行意淫，以非凡的能力在脑子里去疼爱，去憎恨，去杀人。

小说通过郁斯贝克在巴黎的所见所闻，以令人着迷的笔力描绘了18世纪初巴黎现实生活的画卷。小说中所描绘流血、肉欲和死亡使人百读不厌，黑白阉奴与后房被囚妻妾的对话，身处异国他乡的主人的绵绵情话使人常读常新。《波斯人信札》"写得令人难以置信的大胆"，是启蒙运动时期第一部重要的文学作品，开了理性批判的先河。

《波斯人信札》问世于1721年，大约从1709年到1720年，花了10年时间酝酿和写作。全书由160余封书信所组成，主要是两个波斯人郁斯贝克和黎加游历欧洲，特别是游历法国期间，与波斯

国内人的通信，以及两个人不在一起时相互间的通信，还有他们与少数侨居国外的波斯人和外交官的通信。书信体小说在18世纪的法国十分盛行。这本书可以说是一部游记与政论相结合的小说，也可以说是一部哲理小说，它为18世纪的法国文学所特具的哲理小说体裁奠定了基础。

　　仅就内院故事而言，《波斯人信札》就算得上一部不错的作品。然而，贯穿于全书的内院故事，还不是整部作品的重心。《波斯人信札》的核心思想是有关西方，尤其是有关法国的内容。

　　孟德斯鸠借具有民主进步思想的郁斯贝克的观察和议论，发表自己对社会、政治、政体、法律、宗教等基本问题的观点和政见。内院故事其实只是为了掩护他的这些观点和政见免遭查禁而构思的。

　　孟德斯鸠在书中以书信的形式，借两个波斯人之口，对当时的法国社会，作了细致的观察和出色的批判。孟德斯鸠当年借用了两个波斯贵族的名字，以东方人的眼光去品评法国。

广泛而深刻的思索

> 国家应该通过使国民贫困的手段来先
> 使自己致富呢？还是等待国民富裕后再由
> 国民来富裕国家呢？……国家愿意以富始
> 呢？还是以富终呢？
>
> ——孟德斯鸠

人道主义

从孟德斯鸠的社会、政治、文化、经济等一系列
的思想观点中，都可以看出孟德斯鸠代表着资产阶级
早期的人道主义的思想。这些思想主要在《波斯人信
札》和《论法的精神》两部著作中得到阐述。

孟德斯鸠从他的理性主义法律观出发，把自由和
平等看作是自然法的要求和人类理性的体现。在他看
来，让人类能够在自由、平等、博爱、和平的环境中
安居乐业，过着丰衣足食的生活，这是天经地义的事
情，是作为与动物不同的，具有理性的人类所应当享
有的权利。

他十分痛恨奴隶制度，认为奴隶制度不合乎人类

的理性，不合乎自然状态。首先，孟德斯鸠从道德上论证奴隶制度不合理。他宣称：正确地说，所谓奴隶制，就是建立一个人对另外一个人的支配权利，使他成为后者的生命与财产的绝对的主人。奴隶制在性质上就不是好制度。它无论对主人或是对奴隶都是没有益处的。它对奴隶没有益处，因为奴隶不可能出于品德的动机，而做出任何好事情。它对主人没有益处，因为他有奴隶的缘故，便养成种种坏习惯，在不知不觉间丧失了一切道德的品质，因而变得骄傲、急躁、暴戾、易怒、淫逸、残忍。他把奴隶制的形成与教会在对被征服的民族中扮演了可耻的角色，结合在一起加以指责。孟德斯鸠说，宗教给信教人一种权利，去

↑卢浮宫

←反映18世纪法国科学院工作的油画

奴役不信教的人们，以便使宗教的宣传更加容易些。就是这种想法鼓励了美洲的破坏者们的罪恶。在这个思想的基础上，他们建立了奴役那么许多人民的权利，因为这些强盗是很虔诚地信教的，他们绝对要当强盗兼基督徒。为了论证自己观点的正确性，孟德斯鸠还别开生面地拒绝从古代罗马法中援引法律上的根据，企图把自己同以前的罗马法学区别开来。他认为，罗马法学家援引万民法规定在战争中防止杀戮俘虏，因而准许把俘虏变成奴隶；市民法准许债务人卖身，因而债权人可以虐待债务人。

其次，孟德斯鸠还指出奴隶制度必然在经济上带来不良的后果，这是由于奴隶对劳动的消极情绪造成的。在《波斯人信札》中他说："希奇的是这个美洲尽

→奢华壮丽的凡尔赛宫

管每年接受外来居民，对美洲并无裨益。那些奴隶，被运到另一气候之下，成千地死亡；不断使用本地土著与外国人的矿山劳役、从矿中发散出的恶劣气息，以及必须不停地使用的水银，都不可挽救地摧毁他们。荒唐之举，无过于为了从地底挖金银，而害死数不清的人；这种金属，它们本身是绝对无用的，它们之所以成为财富，无非因为被采用为财富的标志。

在战争与和平的问题上，孟德斯鸠的人道主义思想表现得更为突出。他把战争分为正义战争和非正义战争。他说，"只有两类战争是正义的战争：一类是为了抗拒敌人的侵袭而进行的战争；另一类，为了援救被侵袭的同盟者。"在他看来，侵略战争和殖民战争是非正义战争。

孟德斯鸠在《波斯人信札》中虚构一个"穴居人"的故事：为亲情和道义而战的穴居人，顽强抵抗凶狠寡义而人数众多的野蛮的外族人，并取得最终胜利。借此，他愤怒地谴责了那种以扩张领土，奴役他人和掠夺财物为目的的侵略战争，并且以满腔热情歌颂了爱好和平劳动、赋有高尚情操的穴居人为了保卫家园而进行的可歌可泣的英勇反侵略战争。在《罗马盛衰原因论》中，孟德斯鸠系统地考察了古代罗马人所进行的战争。在他看来，这决不是正义的战争，而是一种极其残酷的以掠夺财物、扩张领土为目的的侵略战争。

　　孟德斯鸠在反对侵略战争的同时，呼吁世界各国人民的和平友好。他说，和平条约对于人类是如此神圣，就像是大自然的呼声，大自然在争取它的权利。如果和平的条件使两国人民能够生存，这样的和平条约都是合法的；否则，订约的两个社会之中，那个走上绝路的社会，即被剥夺了通过和平的自然保障，难免诉诸战争。

　　孟德斯鸠呼吁和平，反对战争。但他也承认国家为着生存有进行战争的权利。战争的权利产生征服的权利。孟德斯鸠关于"征服的权利"的论述中充满了人道主义的精神。他认为，按照我们今日遵行的国际法，征服国对待被征服国的方法应当是：按照被征服国原有的法律继续治理其国家，而征服国则仅行使政治及民事方面的统治权。他坚决反对把被征服国的公民全体杀绝。他认为，征服者完全没有杀人的权利。在完成征服以后，征服者就不再有杀人的权利，因为他已不处于当时那种需要自卫和自保的情况了。

孟德斯鸠的人道主义思想还表现在：反对迫害犹太人；反对歧视妇女，主张男女平等；反对和谴责封建专制主义；反对和谴责天主教会迫害异教徒的罪行；等等。

教育思想

孟德斯鸠在《论法的精神》第四章中论述了教育问题。他所阐发的论断相当精辟，很值得注意。

孟德斯鸠十分重视国家教育，他说：教育的法律是我们最先接受的法律。他把社会看作一个"大家庭"。每一个个别的家庭都是这个社会大家庭的一个组成部分，所以，前者应当受后者的支配。作为社会的成员，每个人都是必须受教育的。

孟德斯鸠认为，教育的法律受政体的原则制约，应该和政体的原则相适应。教育的法律在各种政体之下是不同的。

孟德斯鸠对于专制政体的教育发表的许多精辟论

→巴黎风光

断是他抨击封建专制主义的一个重要组成部分。在论述君主制国家的教育时，他特别强调社会教育的重要性。他指出，君主制国家的教育是要使受教育者成为具有强烈荣誉感的人。因此，君主国的教育要求是：品德，应该高尚些；处世，应该坦率些；举止，应该礼貌些。在君主制国家里，人们接受这些主要教育的地方绝不是教育儿童的公共学校，而是社会。社会是教给人们所谓荣誉的学校。荣誉乃是众人的教师，它引导人们前进。

孟德斯鸠特别强调教育对共和政体的重要性。这是因为，实行共和政体的国家需要品德来作为动力。而且品德的力量乃是共和政体惟一的支持力量。这种优良的品德不是生而有之的，要通过教育来培养。他说，这种品德就是舍弃自己，"热爱法律与祖国"。要真正做到这一点是很不容易的，永远是很痛苦的一件事。教育应该注意的就是激发这种爱。从小对儿童进行"热爱法律与祖国"的家庭教育和社会教育，不失为一个有效的手段。

经济思想

孟德斯鸠是法国新兴资产阶级的代表，对经济问题是非常重视的。在经济学说史上，他是"货币数量论"的代表人物之一。

孟德斯鸠提出的"先富民、后富国"的思想非常

→ 凡尔赛宫园林

→ 攻占巴士底狱

有价值。他论证说:"如果一些公民纳税较少,害处不会太大。他们的富裕常常会反过来富裕公家。如果有一些人纳税太多,他们的破产将有害于公家。如果国家把自己的财富和个人的财富的关系调剂得相称适宜的话,则个人的富裕将很快增加国家的富裕。一切要看在这些关键的问题上作如何选择。国家应该通过使国民贫困的手段来先使自己致富呢?还是等待国民富裕后再由国民来富裕国家呢?国家要的是第一种好处还是第二种好处呢?国家愿意以富始呢?还是以富终呢?"

孟德斯鸠是极其注意发展生产的。他赞赏鼓励勤劳的方法,并十分重视发展工业。在他看来,工业在国民经济中起着比农业更为重要的作用,工艺对人民生活有着比农业更为重要的意义。这是因为，农业只解决人民群众的温饱问题。但是，除了温饱之外，人民群众还有更多的生活需要。只有工业（亦为工艺）才能满足他们多种多样的物质文化需要，使他们过着丰富多彩的富裕生活。

然而，孟德斯鸠认为，一个理想的国家，固然应当发展农业，尤其是工商业，增加财富，使人民过着富裕的生活，但这还不够。它同时还必须重视道德，必须使人民有高尚的道德水平。只有这样的国家的人民才是幸福的人民。

孟德斯鸠认为俭朴是实行民主政治的共和国的国

↑工业资产阶级影响着孟德斯鸠的思想形成

民应当具有的美德。因为，共和国里的每一个人既然都应该有同样的幸福和同样的利益，那末也就应该享受同样的快乐，抱有同样的希望。这种情况，如果没有普遍的俭朴，是不可能达到的。他还把俭朴同财富的平等联系起来。他说，财富的平等保持着俭朴；而俭朴保持着财富的平等。二者互为因果。要是民主政治失掉了其中的一个，另外一个也必跟着消失。

孟德斯鸠指出：奢侈是和财富的不均紧密相联的，二者永远是成正比例的。在一个财富平均的共和国里，不可能有奢侈。这也正是共和政体的优点。如果奢侈之风在共和政体盛行的话，那么，人心也就会随着转向私人利益。一个被奢华腐蚀了的灵魂，他的欲望是很多的，他很快就成为拘束他的法律的敌人。

最后，关于俭朴和奢侈的问题，孟德斯鸠得出了一个一般性的结论：穷国要讲俭朴——相对的俭朴，

→孟德斯鸠的故乡波尔多

孟德斯鸠的思想影响了全欧洲

富国要讲奢侈——相对的奢侈。他说，一般而言，一个国家越穷，它的相对奢侈便越能摧毁它，因此，它便需要相对节俭的法律。一个国家越富，它的相对奢侈便将使它更富，因此，它应该特别谨慎，不要制定相对节俭的法律。

在经济学史上，孟德斯鸠以他的货币数量论而占有一席之地。他认为，货币是一种标记，代表一切商品的价值。货币的总量对商品的价值起着决定性的作用。因此，他的货币数量论的理论前提是：货币价值的大小决定于它们在流通领域的数量。在这一前提指导下，他的结论是："如果人们把全世界的金和银的数量同商品的数量比较一下的话，则每一件个别商品或货物一定可以同全部金银的某一分量相比。一方的总

数既和另一方的总数相比，那末一方的一部分也就可以和另一方的一部分相比。假定说世界上只有一种货物或商品，或者只有一种商品出售，而且它又能像金银一样加以分割的话，那么这些商品的一部分便将等于所有金银的一部分；商品全部的一半则等于金银全部的一半，……所以物价是依据物品的总数比标记的总数和投入贸易的物品的总数比投入贸易的标记的总数的复比例而确定的。"

孟德斯鸠非常注意商业问题和流通问题。他认为国内外贸易的发展对于一个国家的强与弱、富与贫起着决策性的作用。他非常赞赏英国政府实行的宗教宽

→反映18世纪法国风貌的油画

容、重商和政治自由的政策，尤其是扶植商业的政策，赞美英国人的贸易精神，说他们比其它民族更善于做生意。他说：别的国家是为了政治的利益而牺牲商务的利益；而英国却总是为了商务的利益而牺牲政治的利益。英国之所以富强的根本原因就在于此。

孟德斯鸠埋怨法国人不会经营商业，所以法国就变得软弱，对法国的商业政策十分不满。法国资产阶级及其经济利益既受不到专制政府的保护，资产阶级在政治上又处于第三等级的无权地位，这是孟德斯鸠痛恨法国专制的重要原因之一。孟德斯鸠虽然出身于贵族，是一位学者，但他已完全资产阶级化了，他对资产阶级的经营也很擅长。他的家资丰厚，可经济收入并不是完全由土地剥削而来的。他在自己的广阔封地上大量种植葡萄，亲自经营酿酒业，大部运销英国。这对孟德斯鸠对英国有好感不能没有影响。

美学问题

孟德斯鸠有很高的文学修养和美学修养。他的《波斯人信札》是法国启蒙运动第一部重要的文学作品，是一部出色的哲理小说。而他的历史哲学著作《罗马盛衰原因论》和政治学著作《论法的精神》，语言生动形象，隐喻、讽刺、对比等手法的运用十分娴

熟，包含着作者鲜明的情感态度，也同样具有文学上的审美价值。

孟德斯鸠关于审美的专著是《论趣味》。文中论及了艺术和审美的一系列重要问题，不少方面作了较充分的发挥，提出了不少深刻的美学见解，表现了作者很高的艺术修养。

孟德斯鸠认为，趣味是通过感觉去把握事物的能力。由于事物的感性形式引起了人们快乐或不快乐的情绪，从而形成了一种判断，这就是趣味判断。所以，趣味就是快乐的标准，是一种能够精细地和迅速地发现每一事物应该给予人们快乐的程度的能力而已。而快乐则是"构成趣味的对象"，是趣味判断的结果。他

→枫丹白露宫

在专题分析了多种快乐后，区分了"精神感受到的快乐"和"来自感官的快乐"。认为精神感受到的快乐包含美感在内，但却不完全是审美的。只有超功利性的快乐才是审美的。比方说，当我们看到一件事物对我们有用而感到快乐的时候，我们就说他是好的。当我们看到一件事物时感到快乐，却没有发现它在当前有什么用处时，我们就说它是美的。在孟德斯鸠看来，只有"自然的快乐"才是审美的愉悦，只有"自然的趣味"才是审美的能力，因为它们超越了功利目的和癖好偏见。

孟德斯鸠认为，审美感觉和理论认识一样，其心理基础都是好奇心。好奇心是人的自然本性的表现。在好奇心的驱使下，人们才不断探索知识和追求美。与好奇心密切联系的是惊讶，它是由于好奇心产生出来的一种情感表现。很多情况下，快乐是一种主要建筑在惊讶之上的效果。例如，伟大、崇高、喜剧、游戏以及"不可名状"的魅力所产生的审美愉快，都是建立在惊讶的基础上的。

孟德斯鸠不仅论述了审美的根源和性质，还论述了引起美感快乐的条件。

他说，秩序和多样化都是美感快乐的条件，但是这两者必须统一起来，互相补充、互相制约，才能最

一法国大革命时期的军人

Infanterie de Ligne
1793.

大限度地发挥美感的作用。所谓秩序，就是事物之间联系的表示。人的好奇心驱使人们要不断地进行探索和追求，这种普遍心理表现在审美领域，就要求审美对象或艺术作品必须是大量的和丰富的，但是如果只有量上的丰富、多样，而看不到它们的秩序，同样也不能产生真正的审美愉快。孟德斯鸠认为，如果把多样化与秩序相联系，更能给人以美感愉悦。因为人有好奇心，要求有新鲜感，才能满足精神需要而感到愉快，因此同自然创造物的美相似的艺术品的美，必须是多样化的。

对称、对比和秩序、多样化一样，它们各自都是美感的条件，相互之间形成了密切关系。对称能使人感到轻快。它之所以能给人以快感，那是因为它使我们节省一半的气力，对于认识事物是有帮助的。而且对称会给人一种均衡或平衡之感，给人以完善或完美的印象。所以人们都喜欢对称，见到对称的事物常常觉得它美。与对称相反则是对比。对称主要表现在事物的静态中，对比则主要在事物的运动中。通过对比可以使对立的两事物中的每一件都能表现得更为突出，从而产生一种惊讶的审美愉快。比方说，如果一个高个子旁边站着一个小矮子，小矮子就把高个子衬托得更高，反之高个子也把小矮子衬托得更矮了。对比的另一个效果则相反，能使对立的因素更加调和起来。他举例说，米开朗基罗建造了圣彼得大教堂的圆顶，由于他使下面的柱子很粗重，以致圆顶虽然像一座山那样地耸立在人们头上，看起来却仍然好像是很轻似的。同时它的整体的宽度和高度的比例也是很适宜的，如果再高一些就会显得太窄，再低一些又会显得太宽，都不会像现在这样。"在看到

如此巨大同时又如此轻快的建筑物的时候，我们的精神感到惊讶。"

孟德斯鸠的美学思想相当丰富，他还论述了魅力、动态与静态、变化与规矩在审美中的意义；提出艺术的规则、理论与趣味的丰富多样应当一致，相互制约；强调艺术家要为人民创作的思想；等等。

孟德斯鸠的人生可谓清醒理性，他勇敢地放弃了官爵利禄，毅然走向"启迪人民和政府"的"哲学家"的征程，成为启蒙思想家。

同所有的历史人物一样，孟德斯鸠是时代的产儿，他的思想和理论不能不打上时代的烙印，但他又是时代的改造者，后世曾这样评价孟德斯鸠："他站在他的时代的前锋，用他的热情、智慧、渊博的知识和犀利的文笔，坚决地勇敢地攻击封建主义，为新兴资产阶级提出进步的社会理论，对促使旧社会的死亡和新社会的产生，起了重要的作用。"

相关链接

XIANGGUAN LIANJIE

洛 克

孟德斯鸠在洛克分权思想的基础上明确提出了"三权分立"学说。可见，洛克的思想对孟德斯鸠的影响力。

1632年，洛克出生在英国，从小受到严格的教育。清教徒的父亲在内战期间为议会军队而战。

1646年，洛克在威斯敏斯特学校接受了传统的古典文学基础训练。1652年克伦威尔主政期间，洛克到牛津大学学习，并在那儿居住了15年。1656年洛克获得学士学位，1658年获硕士学位。后来他还担任过牛津大学的希腊语和哲学老师。在牛津期间洛克对当时盛行于校园内的经院哲学不感兴趣，反而比较喜欢笛卡尔的哲学以及自然科学。他在36岁时曾被入选英国皇家学会。也正是由于洛克的哲学观点不受欢迎，他最后决定从事医学研究。这一时期，洛克结识了著名的化学家罗伯特·波义耳。

1666年，洛克遇到了莎夫茨伯里伯爵，并成

为伯爵的好友兼助手。在此期间洛克开始了其一生最重要的哲学著作《人类理解论》的创作。1675 年，洛克离开英国到法国住了三年，结识很多重要的思想家，后来又回到伯爵身边担任秘书。1682 年，莎夫茨伯里伯爵因卷入一次失败的叛乱而逃往荷兰，洛克也随行。伯爵在翌年去世，而洛克则在荷兰一直生活到 1688 年英国爆发光荣革命。在荷兰期间，洛克隐姓埋名，并且完成了包括《人类理解论》在内的多部重要著作。

1688 年，洛克返回伦敦，并在次年写了两篇十分重要的政治论文。他的《人类理解论》也在 1690 年发表。晚年的洛克大部分的精力都投注在《人类理解论》这部书上，不过此时也认识了包括艾萨克·牛顿在内的几位科学家。洛克终身未娶，在 1704 年逝世。

洛克是不列颠经验主义的开创者，虽然他本人并没有完全贯彻这种哲学思想。洛克认为人类所有的思想和观念都来自或反映了人类的感官经验。观念分为两种：感觉的观念和反省的观念。感觉来源于感官感受外部世界，而反省则来自于心灵观察本身。与理性主义者不同的是，洛克强调这两种观念是知识的唯一来源。洛克还将观念划分为简单观念和复杂观念，不过并没有提供合适的区分标准。我们唯一能感知的是简单观念，而我们自己从许多简单观念中能够形成一个复杂观念。

洛克还主张感官的性质可分为"第一性质"和"第二性质"。洛克相信世界是由物质构成的，物质的主性质包括了形状、运动或静止、数目等和物质不可分离的那些性质，而次性质则包括了颜色、声音、气味等其他各种性质。洛克认为主性质就在物体里，次性质只在知觉者中。在这问题上洛克是追随笛卡尔的二元论学说，同意有些性质是可以用人的理智来了解的。

洛克的哲学思想虽然并没有一贯性，且有很多漏洞，不过却对后来的哲学家起到很大的影响。洛克开创的经验主义被后来的乔治·贝克莱以及大卫·休谟等人继续发展，成为欧洲的两大主流哲学思想。

洛克在政治及政治学说上对后世的影响最为巨大。

洛克是第一个系统阐述宪政民主政治以及提

倡人的"自然权利"的人，他主张要捍卫人的生命、自由和财产权。他的政治理念也深远地影响了美国、法国、英国等西方国家。

1689到1690年写成的两篇《政府论》是洛克最重要的政治论文。洛克权力并有效地驳斥了君权神授的主张。在第二篇中，洛克主张统治者的权力应来自于被统治者的同意，建立国家的唯一目的，是为了保障社会的安全以及人民的自然权利。当政府的所作所为与这一目的相违背的时候，人民就有权利采取行动甚至以暴力的方式将权力收回。洛克也支持社会契约论。不过他也强调社会契约论是可以废除的。他也认为每一个人都是平等的，在一个人没有损害另一人利益的情况下可以自行其事。他也提倡个人财产的合理性，认为个人有权拥有通过劳动所获得的合法财产。洛克提出的人所拥有的"自然权利"就包括了生存的权利，享有自由的权利以及财产权。洛克还第一个倡导了权力的分配，他把政治权力分为立法权、行政权和对外权三种，认为立法权高于其它两权，但立法权仍要受到人民的制约，当人民发现立法行为与他们的委托相抵触时，人民仍享有最高的权力来罢免或更换立法机关。另外，立法权属于议会，行政权属于国王，对外权涉及到和平与战争、外交与结盟，也为国王行使。

这方面的理论，由后来的法国哲学家孟德斯鸠继续发展，并对美国的三权分立制政体产生了一定的影响。

洛克的政治思想对后来的政治发展起到了极大的作用。洛克的自由主义被美国奉为神圣，成为民族理想。他的思想深深影响了托马斯·杰弗逊等美国政治家，并且在美洲引发了一场轰轰烈烈的革命浪潮。洛克的影响在法国则更为激烈。伏尔泰是第一个将洛克等人的思想传到法国去的人，法国后来的启蒙运动乃至法国大革命都与洛克的思想不无关系。

洛克第一次系统地提出"天赋人权"学说来反对"君权神授"思想。他把在英国革命中提出的各种基本要求概括为自由权,生命权和财产权,并把它们说成是天赋人权。